料理が楽しくなる

圧力鍋レシピ

満留邦子

成美堂出版

料理が楽しくなる
圧力鍋レシピ
CONTENTS

1章 うちの絶品おかず

2章 うちの定番おかず

3章 多めに作りおき

4章 もっちり炊けるご飯もの

この本の使い方

◉ この本で使用している圧力鍋は「フィスラー　ビタクイック 4.5ℓ」です。レシピはすべて「高圧」で調理しています。「高圧」とは圧力表示（バルブ）で白線が2本見える状態です。

◉ 他のメーカーや他の機種の圧力鍋を使うときは、それぞれの取り扱い説明書に従ってください。また、圧力鍋の機種や性能によって加圧時間や仕上がりが異なる場合があるので、様子を見ながら調整してください。メーカー別の加圧時間早見表（→p.126）も参考にしてください。

◉ 材料に表示している小さじ1は5㎖、大さじ1は15㎖、1カップは200㎖です。

◉ 塩は天然塩、しょうゆは特に指定のない場合は濃い口しょうゆ、砂糖は上白糖を使用しています。

◉ 材料の「作りやすい分量」とは1回に調理しやすく、使いやすい分量です。

◉ だし汁は特に指定がない場合は、昆布とかつお節のだしを使用しています。

◉ 野菜類は皮をむく、ヘタや種、筋を取る、根元を切る、きのこは石づきを取るなどの下ごしらえをすませてからの手順を説明しています。

まず知っておきたい
圧力鍋の使い方

毎日使いこなして料理上手に

圧力鍋はどの機種も使い方はほぼ同じです。取り扱い説明書をよく読んでから使いましょう。このページをはじめ、この本ではフィスラー ビタクイック 4.5ℓ の圧力鍋を使用しています。

使う前にチェック

ゴムパッキン
ふたの内側についているゴムパッキンが、ゆがみや浮きがなく密着しているかを確認します。

蒸気放出口
ふたの内側にある圧力調整装置に目詰まりや付着物がないか、スムーズに動くかを確認します。

---

① ふたを閉める

カチッ

ふたと本体の合い印を合わせてふたをはめ、カチッと音がするまで左に回します。密閉・ロックされると安全レバーの表示が緑に。機種によってはふたのボタンを押してロックするものもあります。

圧力設定をする
この本で使用している機種では必要ありませんが、火にかける前に「高圧」「低圧」などの圧力設定をする機種もあります。

---

② 強火にかける

圧力がかかるまで強火(IHの場合は1400〜1500Wが目安)にかけます。炎が鍋底からはみ出さない火加減です。

蒸気が出始める
しばらくすると蒸気が出始め、やがて蒸気放出口の弁が上がり、蒸気の放出が止まります。

圧力がかかったら
弱火にする

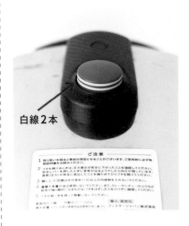

白線2本

圧力表示(バルブ)が少しずつ上がり、白線が2本見えたら「高圧」になっています。弱火にして加圧調理を続けます。

タイマーをかける
レシピの加圧時間をセットします。

加圧時間が終わったら
火を止める

自然放置

そのままおいて圧力をゆっくり下げる方法。鍋の中の温度はすぐには下がらないので余熱で火が入ります。この本のほとんどのレシピは自然放置です。

急冷

圧力を急いで下げるための方法。シンクに移し、圧力表示(バルブ)が下がりきるまで、ふたのステンレス部分に水をかけます。

ふたを開ける

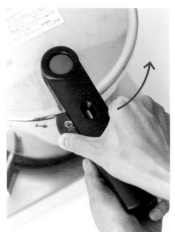

圧力表示(バルブ)が下がりきってから、取っ手の安全レバーを押し、ふたを右に回して開けます。安全レバーを押したときに取っ手のふた側からシューッと蒸気が出たら、まだ圧力が残っている証拠。完全に抜けるまで待ってから開けましょう。

安全に使うための
圧力鍋のルール

圧力鍋は安全に使えるように考えられた調理器具ですが、普通の鍋とは仕組みが異なるため、守ってほしいルールがいくつかあります。これを覚えておけば、圧力鍋をもっと上手に活用できます。

●豆を調理するとき

落としぶた

圧力鍋にはサイズが調整できる金属製の落としぶた（右）や、裏返した蒸し台（左）が向いています。

豆の調理は鍋の⅓以下で

豆は煮るとかさがぐっと増すので、水と合わせた量を鍋の深さの⅓以下にします。

落としぶたを二重に

クッキングシートを水面に密着させ、重さのある落としぶたをかぶせると、少ない煮汁でも対流が起こり、ムラなく煮えます。大豆は薄皮がはがれやすく、蒸気放出口に詰まる心配があるので必ず落としぶたを二重にします。

●蒸すとき

水を1カップ以上入れる

茶碗蒸しや蒸しじゃがなどをするときは、必ず水1カップ以上を入れます。

蒸し台を置く

水を入れたら、市販の蒸し台、圧力鍋付属の蒸し台や蒸し器、三脚を置き、その上に食材や器をのせて蒸します。

●とろみをつけるとき

加圧後につける

小麦粉や片栗粉、カレールウなどでとろみをつける料理は、必ず自然放置後に加えます。とろみの強い煮汁を加圧すると、蒸気放出口をふさいでしまう可能性があります。写真は違う鍋ですが、圧力鍋のままでもOKです。

おいしく作るための
圧力鍋のコツ

ふたをして加圧調理をするので、途中でアクや脂を取ることはできず、また煮汁が蒸発することもほとんどありません。この特徴に合わせて加圧前や加圧後にひと手間かけると、よりいっそうおいしくなります。

●アクや脂を除く

ゆでてぬるま湯で洗う

スペアリブや牛すじ肉など脂肪の多い肉は水からゆで、ぬるま湯で洗ってから使います。

湯をかけて脂を流す

豚バラ肉や手羽先などは全体を焼きつけて脂を出し、湯を回しかけて流して使います。

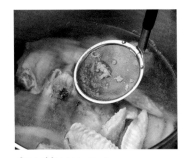

煮る前にゆでる

手羽先や鶏の骨つきぶつ切り肉を水からゆで、浮いてきたアクを取り除いてから、調味料を加えて加圧します。

湯に通して洗う

さばやぶりなどはさっと湯にくぐらせ、表面が白くなったら氷水に取り、汚れやウロコ、血合いを落としてから加圧します。

●生臭みを取る

血合いをきれいに除く

青背の魚は頭を落として内臓を抜いた後、生臭みのもとになる中骨についている血合いを菜箸でかき出します。

●味を濃くする

圧力鍋の調理は水分の蒸発がほとんどなく、食材から水けも出るため、加圧後に煮汁をかけながら煮詰めます。

圧力鍋を使うときの注意点

これだけは守ってほしいこと6か条です。
圧力鍋ビギナーさんはもちろん、使い慣れた人も覚えておいてください。

① 加圧中はキッチンから離れない

圧力鍋を火にかけている間はその場を離れないこと。強火にかけたまま目を離すのは事故の原因にもなりかねません。弱火の間も途中で火が消えて圧力が下がらないように注意します。

② 加圧中に鍋をゆすらない

加圧中に鍋をゆすったり、傾けたりすると急に圧力が上がることがあるので危険です。急冷するためにシンクに移動するときも、傾けたりぶつけたりしないよう気をつけましょう。

③ 圧力が抜ける前にふたを開けない

蒸気が完全に抜けきらないうちに、無理にふたを開けようとするのは厳禁です。圧力がかかっている間は安全機構でロックされているため、圧力が抜けるのを待つか急冷して開けます。

④ 鍋の容量の⅔以上材料を入れない

材料をたくさん入れすぎると沸騰時や加圧中に蒸気放出口から吹きこぼれたり、圧力がかかりにくくなります。煮るとかさが増す豆や米は、水と合わせて鍋の深さの⅓以下にするがルールです。

⑤ 重曹や多量の油を入れない

普通の鍋で黒豆を煮るときに加える重曹は、熱に反応して発泡するため圧力鍋では使わないでください。油はレシピどおりの量なら大丈夫ですが、多量に入れて加圧すると高温になりすぎて危険です。

⑥ 空炊きしない

水分がなくなったまま火にかけていると、ゴムパッキンなどパーツの破損や取っ手の過熱につながります。空炊きしてしまったときは、水などで急冷せず、必ず自然放置して冷まします。

うちの
絶品
おかず

豚の角煮

材料（3～4人分）
豚バラ肉（ブロック）……650g
A ┃ 長ねぎの青い部分……1本分
　　┃ しょうが（皮つきの薄切り）……2枚
B ┃ 水、酒……各½カップ
　　┃ しょうゆ……大さじ2と½
　　┃ 砂糖、みりん……各大さじ2

作り方

1 豚肉は6cm角に切る。フライパンを強火で熱し、脂身を下にして並べ（写真**a**）、焼き色がついたら転がして表面を焼きつける。

2 火を止め、**1**に熱湯を2カップくらい回しかけて（写真**b**）肉の脂を流し、肉を取り出して圧力鍋に入れる。水をひたひたに注ぎ、**A**を加えてふたを閉め、強火にかける。圧力がかかったら弱火にして<u>10分加圧</u>し、火を止めて<u>自然放置</u>する。

3 圧力が抜けたらふたを開けて肉を取り出し、残りは捨てて鍋を軽く洗う。肉を圧力鍋に戻し、**B**を加えてふたを閉め、強火にかける。圧力がかかったら弱火にして<u>13分加圧</u>し、火を止めて<u>自然放置</u>する。

4 圧力が抜けたらふたを開け、煮汁をかけながら弱火で2分ほど煮詰める（写真**c**）。

加圧時間

10分

▼

自然放置

▼

13分

▼

自然放置

▼

a 脂身の側から焼き始め、全体を焼きつけると、余分な脂が落とせて香ばしさも加わる。

b 焼いた後に熱湯をかけて脂を流すと仕上がりがさっぱりし、調味料がしみ込みやすくなる。

c 煮汁から出ていた肉の上面に煮汁をかけながら弱火で煮詰め、味をゆき渡らせ、照りを出す。

圧力鍋じゃなきゃ出せない極上美味。
加圧2回でとろっとろの煮上がり！

加圧時間

15分

自然放置

豚肉のハーブ蒸し煮

材料(3～4人分)

豚肩ロース肉(ブロック)……500g

A | 塩(肉の重さの1%)
　　　……小さじ1(5g)
　　　エルブドプロバンス(市販)
　　　……小さじ½

玉ねぎ……½個

にんじん……½本

セロリ(茎の部分)……½本

オリーブ油……大さじ1

白ワイン……¼カップ

B | 片栗粉……小さじ½
　　　水……小さじ1

クレソン(あれば)……少々

作り方

1 豚肉は厚さ1～1.5cmに切り開き、両面に**A**をまぶして30分ほどおく(写真**a**)。

2 玉ねぎ、にんじん、セロリは2cm角に切る。

3 **1**の肉を巻いて元の形にし、タコ糸で成形する(写真**b**)。フライパンにオリーブ油を熱し、肉の表面を焼きつける。

4 圧力鍋に**2**を入れて**3**の肉をのせ、白ワインを加えてふたを閉め、強火にかける。圧力がかかったら弱火にして<u>15分加圧</u>し、火を止めて<u>自然放置</u>する。

5 圧力が抜けたら肉を取り出し、アルミホイルで包んで20分ほど休ませる(写真**c**)。圧力鍋の残りをざるでこして野菜を除き、蒸し汁を小鍋に入れて約½カップになるまで煮詰め、混ぜ合わせた**B**でとろみをつける。

6 肉を切り分けてクレソンとともに器に盛り、**5**のソースを添える。

a 包丁を寝かせて豚肉の長い辺から巻物のように切り開き、肉の両面に下味をまぶす。

b 肉を元の形に戻してタコ糸で縛る。加圧中に肉が開くのを防ぐためなので、ぐるぐる巻きでもOK。

c 蒸し上がったらアルミホイルで包み、肉汁を落ちつかせる。その間にグレービーソースを作る。

memo
エルブドプロバンスはバジル、ローズマリー、オレガノ、タイム、パセリなどのハーブミックスです。なければイタリアンハーブミックスでもOK。

肉を開いて内側にも味つけ。
蒸し汁がグレービーソースに！

カムジャタン

材料（3〜4人分）

豚スペアリブ……600g
じゃがいも……3個
長ねぎ……1本
A 昆布（2cm角）……10枚（8g）
　　 煮干し（頭とワタを取る）……8g
水……4カップ
B 酒……大さじ3
　　 長ねぎの青い部分……1本分

C コチュジャン……大さじ2と½
　　 しょうゆ……大さじ1
　　 みそ、ごま油……各小さじ2
　　 粗びき粉唐辛子（韓国産）
　　 　……小さじ1
えごまの葉……2〜3枚
すり白ごま……大さじ1〜2

加圧時間

15 分

▼

自然放置

▼

2 分

▼

自然放置

▼

作り方

1 スペアリブを鍋に入れ、かぶるくらいの水を加えて強火にかける。沸騰してアクが浮いたら（写真a）、湯をきってぬるま湯で洗う（写真b）。Aは不織布のお茶パックに詰める。

2 圧力鍋にスペアリブを入れて分量の水を注ぎ、B、1のパックを加え、ふたを閉めて強火にかける。圧力がかかったら弱火にして<u>15分加圧</u>し、火を止めて<u>自然放置</u>する。

3 じゃがいもは半分に切り、水にさっと浸けて水けをきる。長ねぎは縦半分に切って3cm長さに切る。

4 2の圧力が抜けたら、パックと長ねぎの青い部分を取り除き、3とCを加え、ふたを閉めて強火にかける。圧力がかかったら弱火にして<u>2分加圧</u>し、火を止めて<u>自然放置</u>する。

5 圧力が抜けたらふたを開け、温めて器に盛り、ちぎったえごまの葉、ごまを加える。

a スペアリブは骨つきのバラ肉。脂があるので煮る前に下ゆですると調味料がしみやすい。

b 表面についているアクや脂をぬるま湯できれいに洗うと、すっきりした味に仕上がる。

> **memo**
> このレシピは本場の味に近づけた辛さにしているので、辛さに弱い方はコチュジャンと粉唐辛子の量で調整してください。

韓国の人気鍋を圧力鍋で作ると、
時短&骨つき肉がほろほろに。

ルーロー飯

材料（4人分）
豚バラ肉（ブロック）……600g
ご飯……茶碗4杯
ゆで卵……4個
玉ねぎ……1個

A｜ 長ねぎの青い部分……1本分
　｜ しょうが（皮つきの薄切り）……3枚
　｜ にんにく……1かけ

B｜ 紹興酒（または酒）……大さじ2
　｜ しょうゆ……大さじ2
　｜ きび砂糖（または砂糖）……大さじ1と½
　｜ みりん……大さじ1と½
　｜ オイスターソース……小さじ1
　｜ 五香粉……小さじ½
　｜ 水……¼カップ
ごま油……大さじ½

加圧時間
10分
↓
自然放置
↓
5分
↓
自然放置
↓

作り方

1 圧力鍋に豚肉を入れ、かぶるくらいの水を注ぎ、**A**を加え、ふたを閉めて強火にかける。圧力がかかったら弱火にして<u>10分加圧</u>し、火を止めて<u>自然放置</u>する。

2 圧力が抜けたら、ふたを開けて冷ます（冷めると肉を切りやすい）。肉は1〜1.5cm角の棒状に切り、ゆで汁は捨てて鍋を洗う。玉ねぎは1cm角に切る。

3 圧力鍋にごま油を強火で熱し、**2**の玉ねぎを薄く色づくまで炒める。火を止め、**2**の肉、**B**、殻をむいたゆで卵を加え、ふたを閉めて強火にする。圧力がかかったら弱火にして<u>5分加圧</u>し、火を止めて<u>自然放置</u>する。

4 圧力が抜けたら、ふたを開けて中火にかけ、1〜2分煮詰める。ゆで卵は半分に切る。

5 器に温かいご飯を盛り、肉をのせて煮汁適量をかけ、ゆで卵を添える。

● ゆで卵は
加圧1分以下で作れる

圧力鍋でゆで卵を作ると、半熟なら加圧45秒、固ゆでなら加圧1分。しかも殻がつるりときれいにむけます。

[作り方]
圧力鍋に水1カップを入れ、キッチンペーパーを広げて卵（2〜6個）を置き、ふたを閉めて強火にかける。圧力がかかったら弱火にし、45秒〜1分加圧。火を止めて5分放置した後に急冷（→p.7）し、卵を取り出して水に浸ける。

五香粉が香るあの台湾名物が
おうちで時短で作れます！

トロッとしてプルプル!?
独特の食感がやみつきに。

加圧時間

10 分

▼

自然放置

▼

10 分

▼

自然放置

豚軟骨の
みそ煮込み

材料(3〜4人分)
豚軟骨(3〜4cmにカットしたもの)
　　……600g
水……4カップ
A | 長ねぎの青い部分……1本分
　　| しょうが(皮つきの薄切り)……4枚
B | 酒……大さじ3
　　| みそ……大さじ2
　　| みりん……大さじ2
　　| 砂糖……大さじ2
みそ……大さじ½〜1

作り方

1 鍋に軟骨を入れ、かぶるくらいの水を加えて強火にかける。沸いてアクが浮いたら3分ほどゆで、湯をきってぬるま湯で洗う。

2 圧力鍋に**1**と分量の水を入れて**A**を加え、ふたを閉めて強火にかける。圧力がかかったら弱火にして<u>10分加圧</u>し、火を止めて<u>自然放置</u>する。

3 圧力が抜けたら、ざるでこし、軟骨と煮汁1カップを圧力鍋に戻す。**B**を加え、ふたを閉めて再び強火にかける。圧力がかかったら弱火にして<u>10分加圧</u>し、火を止めて<u>自然放置</u>する。

4 圧力が抜けたら、みそを加えて3分ほど弱火で煮詰める。

> **memo**
> よりすっきりした味にしたいときは、**3**の後で完全に冷まし、表面に固まった脂を取り除きます。

ほうじ茶で12分加圧すれば。
下ゆでなしてもさっぱり。

スペアリブの
ほうじ茶煮

材料（3〜4人分）
豚スペアリブ……800g
玉ねぎ……大1個（300g）
にんにく（縦半分に切り、芯を除く）
　……1かけ分
ほうじ茶の茶葉……大さじ3
湯……1と½カップ
A ｜ 塩……小さじ1弱（4g）
　　｜ 粗びき黒こしょう……少々
小麦粉……適量
しょうゆ……大さじ2
サラダ油……大さじ1

作り方
1 玉ねぎは横に1cm厚さの輪切りにする。分量の湯に茶葉を入れ、ほうじ茶をいれる（茶葉は捨てる）。

2 スペアリブは**A**をまぶし、小麦粉を薄くつける。圧力鍋に油を中火で熱し、にんにく、スペアリブを入れて肉の表面を焼きつける。

3 スペアリブをいったん取り出し、残った油をキッチンペーパーで拭く。玉ねぎを入れてスペアリブをのせ、ほうじ茶、しょうゆを加える。ふたを閉めて強火にかけ、圧力がかかったら弱火にする。<u>12分加圧</u>し、火を止めて<u>自然放置</u>する。

4 圧力が抜けたら、ふたを開けて1〜2分弱火で煮詰める。

加圧時間

12分

自然放置

かたまり肉をほろほろに煮た
アメリカのBBQの定番。

加圧時間

30分

▼

自然放置

▼

プルドポーク

材料（作りやすい分量）
豚もも肉（ブロック）……2個（600g）
A | 塩……小さじ1
　　　砂糖……小さじ½
　　　チリパウダー……小さじ1と½
　　　粗びき黒こしょう……少々
玉ねぎ……1個
B | 水、白ワイン……各¼カップ
C | トマトケチャップ……大さじ2
　　　ウスターソース……小さじ1
サラダ油……大さじ½

作り方

1 豚肉に**A**をまぶして1時間ほどおく。玉ねぎは半分に切って薄切りにする。

2 圧力鍋に油を強火で熱し、肉を転がしながらさっと焼きつける。火を止めて肉を取り出し、底に玉ねぎを敷いて肉を戻し、**B**を加えてふたを閉め、強火にかける。圧力がかかったら弱火にして<u>30分加圧</u>し、火を止めて<u>自然放置</u>する。

3 圧力が抜けたらふたを開け、肉は取り出してフォークでほぐす。圧力鍋を強火にかけ、マッシャーや泡立て器で玉ねぎをくずしながら少し煮詰め、**C**を加えてソースを作る。

memo
肉をソースであえてバンズにはさんだり、野菜と炒めたり、コンビーフのように使えます。

最初の加圧でやわらかくゆで、
次にみそ味で煮込む2ステップ調理。

もつ煮込み

材料（4人分）
豚もつ（下処理ずみ）……300g
A 酒……大さじ2
　 にんにく……1かけ
　 長ねぎの青い部分……1本分
　 しょうが（皮つきの薄切り）……1枚
ごぼう、にんじん……各½本
大根……100g
こんにゃく……小1枚
みそ……大さじ4
B だし汁……1カップ
　 砂糖……大さじ1
　 しょうゆ……大さじ½

作り方

1 もつは鍋で5分ほどゆでて湯をきり、ぬるま湯で洗う。

2 圧力鍋に1、ひたひたの水、Aを入れ、ふたを閉めて強火にかける。圧力がかかったら弱火にして<u>15分加圧</u>し、<u>自然放置</u>する。

3 ごぼうは斜め切り、にんじんと大根はいちょう切りにする。こんにゃくは2cm四方に切ってゆでこぼす。

4 2の圧力が抜けたら、もつとゆで汁に分ける。もつ、ゆで汁½カップを圧力鍋に戻し、3、みその半量、Bを加え、ふたを閉めて強火にかける。圧力がかかったら弱火にして<u>3分加圧</u>し、<u>自然放置</u>する。圧力が抜けたらふたを開け、残りのみそを加え、弱火でひと煮立ちさせる。

memo
好みで長ねぎの小口切りや
七味唐辛子を薬味に。

加圧時間
15 分
↓
自然放置
↓
3 分
↓
自然放置

サムゲタン

材料(3〜4人分)

鶏もも肉(骨つき)……2本(約700g)

ごぼう……⅓本

もち米……⅓合

A 水……1ℓ
　 酒……大さじ3
　 塩……小さじ⅔

B にんにく(縦半分に切り、芯を除く)……3〜4かけ分
　 しょうが(皮つきの薄切り)……3枚
　 なつめ(あれば)……4個
　 クコの実(あれば)……大さじ1

塩、粗びき黒こしょう……各適量

加圧時間

18分

▼

自然放置

▼

作り方

1 鶏肉は余分な脂肪を除き、キッチンペーパーで水けを拭く。ごぼうは半分の長さに切り、縦半分に切る。もち米はさっと洗う。

2 圧力鍋に肉、ごぼう、**A**を入れ、もち米(写真**a**)、**B**を加え、ふたを閉めて強火にかける。圧力がかかったら弱火にして<u>**18分加圧**</u>し、火を止めて<u>**自然放置**</u>する。

3 圧力が抜けたらふたを開け、弱火で温めて器に盛る。塩と粗びき黒こしょうで好みの味にする。

a 鶏のお腹に詰める代わりに、もち米はじかに加える。スープにとろみがついておいしくなる。

memo
なつめとクコの実のほかにぎんなん、むき甘栗も合います。

骨つきのもも肉で気軽にチャレンジ。
とろけるような味わいは本格派です。

鶏手羽と
れんこんの黒酢煮

材料(4人分)
鶏手羽先……8本(500g)
れんこん……大1節(300g)
しょうが(皮つきの薄切り)……2枚
A| 黒酢……大さじ4
　| しょうゆ……大さじ1と½
　| オイスターソース……大さじ1
　| きび砂糖(または砂糖)……大さじ2
　| 酒……大さじ2
水……¾カップ
サラダ油……大さじ½

加圧時間

5 分

自然放置

作り方

1 れんこんは1.5cm厚さの輪切りにし、太い
部分は半月切りにする。水にさっと浸けて
水けをきる。

2 フライパンに油を強火で熱し、手羽の両面
を焼きつける。火を止め、熱湯を1カップ
くらい回しかけて(写真a)表面の脂を流し、
湯を捨てる。

a 手羽の両面に焼き色をつけたら
熱湯をかけ、表面の脂を流すと加
圧してもアクが出ない。

3 圧力鍋に**1**のれんこんを入れて**2**の手羽を
のせ、**A**、分量の水、しょうがを加え、ふ
たを閉めて強火にかける。圧力がかかった
ら弱火にして<u>5分加圧</u>し、火を止めて<u>自然
放置</u>する。

4 圧力が抜けたらふたを開け、煮汁をかけな
がら弱火で2分ほど煮詰める。

加圧5分で手羽のコクを引き出す。
れんこんはもっちり食感に。

鶏骨つき肉の
レモンクリーム煮

材料(4人分)

鶏もも肉(骨つき)……2本(約700g)
A 塩……小さじ1と⅓
こしょう……少々
玉ねぎ……1個
ホワイトマッシュルーム
……6〜8個(100g)
小麦粉……適量
バター……10g

白ワイン……½カップ
B 水……½カップ
ローリエ……1枚
生クリーム(乳脂肪40%以上)……¾カップ
C レモン汁……大さじ1
塩、白こしょう……各少々
レモン(国産)の皮……適量
オリーブ油……大さじ1

作り方

1 鶏肉は余分な脂肪を除き(写真**a**)、関節の間を切って半分に切り分け(写真**b**)、足先は関節で切り落とす。**A**を全体にふり、10分ほどおく。

2 玉ねぎは3cm角に切り、マッシュルームは半分に切る。

3 **1**に小麦粉を薄くまぶす。圧力鍋にオリーブ油を中火で熱し、肉の表面を焼きつける(写真**c**)。火を止めて肉を取り出し、残った油をキッチンペーパーで拭き取る。

4 **3**の圧力鍋にバターを入れて中火で溶かし、**2**を加えてさっと炒める。肉を戻して白ワインを加え、煮立ててアルコール分を飛ばす。**B**を加え、ふたを閉めて強火にかける。圧力がかかったら弱火にして<u>8分加圧</u>し、火を止めて<u>自然放置</u>する。

5 圧力が抜けたらふたを開け、ローリエを除き、生クリームを加えて中火にかける。煮汁を肉にかけながら少し煮詰め、**C**で味をととのえる。器に盛って、レモンの皮をすりおろす。

a 鶏肉は肉の表面や端にある余分な脂肪を取り除いておくと、すっきりとした味わいに仕上がる。

b 皮がない側の中央を指で探って関節を見つけ、その間に包丁を入れて切ると簡単に切り離せる。

c 皮側から焼き、皮の脂が出るまで1〜2分待ってから裏返すと、はがれずきれいに焼ける。

骨から肉がすっと外れるやわらかさ。
見た目も味もとびきりおしゃれです。

鶏の水炊き

材料(3〜4人分)
鶏もも肉(骨つき・ぶつ切り)……500g
鶏手羽先……6本(約300g)
水……1ℓ
酒粕……50g
塩……小さじ⅔
ポン酢しょうゆ……適量
青ねぎ(小口切り)……適量
大根おろし、一味唐辛子……各適量

加圧時間

10 分
▼

自然放置
▼

作り方

1 圧力鍋にもも肉と手羽先を入れ、分量の水を加えて強火にかける。沸いてきたらアクを取り(写真a)、火を止める。

2 酒粕を**1**のゆで湯少々で溶きのばして鍋に加え、塩を加え、ふたを閉めて強火にかける。圧力がかかったら弱火にして**10分加圧**し、火を止めて**自然放置**する。

3 圧力が抜けたら器に盛り、ポン酢しょうゆ、青ねぎ、一味唐辛子を混ぜた大根おろしを添える。

a 加圧する前にさっと下ゆでしてアクを除くのがコツ。雑味のないクリアな味になる。

> **memo**
> 残った煮汁は塩少々で調味し、ご飯を加えて雑炊に。この〆がまた、とびきりおいしいのです。

ぶつ切り肉と手羽先を加圧10分。
専門店にも負けないおいしさ。

塩味をつけた鶏肉と
豚肉+昆布だし。
このうまみの相乗効果がすごい!

加圧時間

分

▼

自然放置

▼

分

▼

自然放置

▼

和風ポトフ

材料(3〜4人分)
鶏手羽元……6本(350g)
豚肩ロース肉(ブロック)……300g
塩……小さじ2弱(9g)
大根……300g
セロリ……1本
にんじん……1本
水……3カップ
昆布(6cm角)……1枚
A │ ローリエ……1枚
　 │ セロリの葉……少々
黒粒こしょう……5〜6粒
塩、ゆずこしょう……各適宜

作り方

1 ボウルに分量の水と昆布を入れて1時間以上おく。

2 豚肉は3〜4つに切り、手羽元と一緒にポリ袋に入れ、分量の塩を加えてまぶし、1〜2時間おく。

3 大根は4つ割りにする。セロリは7〜8cm長さに切る。にんじんは縦横半分に切る。Aはタコ糸で縛る。

4 圧力鍋に1、2を入れて強火にかけ、沸いたらアクを取り、3のAと粒こしょうを加えてふたをする。圧力がかかったら弱火にして8分加圧し、火を止めて自然放置する。

5 圧力が抜けたら、昆布とAを除き、3の野菜を加え、ふたを閉めて再び強火にかける。圧力がかかったら弱火にして2分加圧し、火を止めて自然放置する。

6 圧力が抜けたら器に盛り、お好みで塩とゆずこしょうを加える。

やわらかな鶏肉と
とろんと煮えた
パプリカは最高の相性です。

鶏肉と
パプリカの
煮込み

材料（4人分）

鶏もも肉……2枚（600g）
小麦粉……大さじ1
パプリカ（赤、黄）……各1個
玉ねぎ……1個
にんにく……1かけ
トマト缶（ホール）……1缶（400g）
白ワイン……½カップ
A｜赤唐辛子（種を除く）……小1本
　｜タイム……2枝
塩……適量
オリーブ油……大さじ1

作り方

1 鶏肉は余分な脂肪を除き、それぞれ4等分に切り、塩小さじ1をまぶして10分ほどおく。

2 パプリカは縦に1cm幅に切り、玉ねぎは半分に切って薄切りにする。にんにくは縦半分に切り、芯を除く。

3 1に小麦粉をまぶす。圧力鍋にオリーブ油を中火で熱し、にんにくを入れ、香りが立ったら肉を皮側、肉側の順に表面を焼き、取り出す。

4 3の圧力鍋にパプリカ、玉ねぎを入れて中火で炒める。しんなりしたら白ワインを加え、煮立ててアルコール分を飛ばす。3の肉を戻し、手でつぶしたトマトを汁ごと加え、Aも加える。ふたを閉めて強火にし、圧力がかかったら弱火にして<u>3分加圧</u>し、火を止めて<u>自然放置</u>する。

5 圧力が抜けたら、塩小さじ⅓～½で味をととのえる。

加圧時間

3分

自然放置

濃い味つけで煮てから加圧し、
冷めるまでおいて味を浸透させます。

加圧時間

5分

↓

自然放置

↓

鶏チャーシュー

材料（作りやすい分量）

鶏もも肉……2枚(600g)

A | 塩……小さじ⅓
  | しょうがのおろし汁……小さじ1
  | おろしにんにく……½かけ分

B | しょうゆ……大さじ3
  | 酒……大さじ2
  | 砂糖……大さじ1と½
  | 酢……大さじ½

水……½カップ

C | 長ねぎの青い部分……1本分
  | しょうが（皮つきの薄切り）……2枚

パクチー（あれば）……適量

作り方

1 鶏肉は余分な脂肪を除き、筋に浅く切り目を入れて厚みを均一にする。皮を包丁の先で数か所刺し（味のしみ込みをよくする）、**A**をまぶして5分おく。

2 皮を下にして置き、切り目を入れた側から巻き、タコ糸で縛る。

3 圧力鍋に**B**を入れて中火にかけ、煮立ったら**2**を入れ、肉を返しながら色が変わるまでさっと煮る。

4 肉の巻き終わりを下にし、分量の水と**C**を加え、ふたを閉めて強火にかける。圧力がかかったら弱火にして<u>5分加圧</u>し、火を止めて<u>自然放置</u>する。

5 圧力が抜けたらふたを開け、中火で1〜2分煮詰める。肉と煮汁を容器に移し、煮汁に浸けたまま冷ます。切り分けて器に盛り、パクチーを添える。

骨つき肉で作るから具もスープも
うまみたっぷりでとびきり美味。

鶏のフォー

材料(4人分)

鶏もも肉(骨つき)……2本(約700g)
フォー(乾燥)……400g
水……6カップ
A｜しょうが(皮つきの薄切り)……4枚
　｜パクチーの根……2株分
　｜長ねぎの青い部分……1本分
　｜酒……大さじ2
　｜塩……小さじ½
ナンプラー……大さじ4と½
B｜赤玉ねぎ(薄切り)……小1個分
　｜パクチー(ざく切り)……2株分
　｜青ねぎ(小口切り)……5〜6本分
　｜赤唐辛子(種を除いて小口切り)
　｜　……1本分
ライム(くし形切り)……4切れ

作り方

1 鶏肉は余分な脂肪を除き、キッチン
ペーパーで水けを拭き、圧力鍋に入れ
る。分量の水と**A**を加え、ふたを閉め
て強火にかける。圧力がかかったら弱
火にして<u>10分加圧</u>し、火を止めて<u>自
然放置</u>する。

2 圧力が抜けたら肉を取り出し、骨を除
いて食べやすく切る。しょうがなどを
取り除き、ナンプラーで味をととのえ
てスープを作る。

3 フォーは袋の表示どおりにゆで、湯を
きって器に盛る。温めた**2**のスープを
注ぎ、**2**の肉をのせ、**B**を好みの量加
え、ライムを添える。

加圧時間

10分

自然放置

memo
麺は稲庭うどんやそうめん
でもよく合います。

肉じゃが

材料(4人分)
牛肉(切り落とし)……300g
じゃがいも……4個(600g)
玉ねぎ……1個
にんじん……1本
A｜酒……大さじ3
　｜しょうゆ……大さじ3
　｜みりん……大さじ1と½
　｜砂糖……大さじ1と½
水……½カップ

加圧時間

2 分

↓

自然放置

↓

作り方

1 じゃがいもは半分に切り、水に5分ほど浸けて水けをきる。玉ねぎは2cm幅のくし形に切る。にんじんは乱切りにする。

2 圧力鍋に**A**を入れて強火にかける。煮立ったら、牛肉を加えてさっと煮て、色が変わったら取り出す(写真**a**)。分量の水を加え、煮立ったらアクを取り、いったん火を止める。

3 **2**の圧力鍋に**1**を入れて上に肉をのせ、ふたを閉めて強火にかける。圧力がかかったら弱火にして<u>2分加圧</u>し、火を止めて<u>自然放置</u>する。

4 圧力が抜けたらふたを開ける。

a牛肉は濃い味つけでさっと煮て、少し赤みが残っている状態でいったん取り出すのがコツ。

軽く煮た牛肉を野菜にのせて加圧。
肉汁が滴って美味に。

加圧時間

35分

▼

自然放置

▼

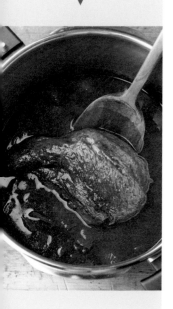

タンシチュー

材料（4人分）

牛タン（ブロック）……650〜700g
塩……小さじ1と½
黒こしょう……少々
小麦粉……適量
A | 玉ねぎ……1個、にんじん……1本
　　　| セロリ……小1本
にんにく……大1かけ
赤ワイン……1と½カップ
B | トマトジュース（食塩無添加）
　　　|　……2カップ
　　　| ブーケガルニ*……1束

バター……15g
ブラウンマッシュルーム……150g
C | バター、小麦粉……各10g
D | 八丁みそ……大さじ1
　　　| きび砂糖（または砂糖）……小さじ2
　　　| 塩……小さじ⅓
　　　| 黒こしょう……少々
サラダ油……大さじ1と½

＊ブーケガルニはセロリの葉2〜3枚、ローリエ1枚、タイム1〜2枝、パセリの茎2〜3本をタコ糸で縛る。

作り方

1 タンは塩、黒こしょうをまぶし、10分おいて小麦粉を薄くふる。フライパンに油大さじ1を中火で熱し、表面を焼きつける。

2 Aはそれぞれ2cm角に切る。にんにくは皮つきのまま叩いてつぶす。

3 圧力鍋に油大さじ½を中火で熱し、**2**を入れて色づくまで炒め、タンをのせ、赤ワインを加えてアルコール分を飛ばす。**B**を加え、ふたをして強火にし、圧力がかかったら弱火にして<u>35分加圧</u>し、火を止めて<u>自然放置</u>する。

4 圧力が抜けたら、ふたを開けて常温まで冷まし、浮いた脂を取り除き、タンは取り出して2cm幅に切る。煮汁はざるでこし（写真a）、タンと一緒に別の鍋に入れる。

5 フライパンにバターを中火で溶かし、半分に切ったマッシュルームを炒め、**4**の鍋に加える。耐熱容器に**C**を入れ、電子レンジ（600W）で15秒加熱し、練り合わせる。

6 **5**の鍋を中火にかけ、煮立ったら弱火にして10分ほど煮て、**D**で調味する。煮汁少々を**5**の耐熱容器に加えて溶きのばし（写真b）、鍋に少しずつ加えて混ぜる。

a 加圧したらタンと煮汁を分け、煮汁はこして濃厚なソースにする。野菜をギュッと押してしっかりこすこと。

b バターと小麦粉を混ぜたもの（ブールマニエ）を煮汁に加えてとろみをつけ、濃厚なソースに。

35分加圧でレストランの味に！
手間をかける価値があります。

かたいけれどうまみが濃いすね肉で作る
ハンガリー風の絶品ビーフシチュー。

加圧時間

20分

自然放置

グーラッシュ

材料（3〜4人分）
牛すね肉（煮込み用）……600g
A ┃ 塩……小さじ1強（6g）
　　┃ 黒こしょう……少々
小麦粉……大さじ1
玉ねぎ……1個
パプリカ（赤）……大1個
にんにく……1かけ
バター……10g
トマトペースト……大さじ2
赤ワイン……½カップ
B ┃ パプリカパウダー……大さじ2
　　┃ キャラウェイシード（あれば）
　　┃ 　……小さじ⅓
　　┃ 水……1と¼カップ
塩……小さじ¼
こしょう……少々
サラダ油……大さじ1

作り方

1 玉ねぎは半分に切り、横に薄切りにする。パプリカは1cm角に切り、にんにくはみじん切りにする。牛肉は**A**をまぶし、小麦粉をまぶす。

2 圧力鍋に油を強火で熱して牛肉を入れ、両面に焼き色をつけたらいったん取り出す。

3 2の鍋の油をキッチンペーパーで拭いてバターを溶かし、中火で玉ねぎを炒める。薄茶色になったら、パプリカとにんにく、トマトペーストの順に加え、そのたびに軽く炒める。赤ワインを加え、煮立ててアルコール分を飛ばし、火を止める。

4 肉を3の鍋に戻して**B**を加え、ふたを閉めて強火にかける。圧力がかかったら弱火にして<u>20分加圧</u>し、火を止めて<u>自然放置</u>する。

5 圧力が抜けたらふたを開け、塩、黒こしょうで味をととのえ、軽く煮る。

生のビーツで作る
本格レシピ。
2回加圧したすね肉のやわらかさ！

ボルシチ

材料（4人分）

牛すね肉（煮込み用）……500g

水……3カップ

A｜セロリの葉……½本分
｜にんじんの皮……⅓本分
｜ローリエ……1枚

ビーツ……1個（250g）

キャベツ（短冊切り）……3枚分

玉ねぎ（薄切り）……½個分

にんじん（5mm角の細切り）……⅓本分

セロリ（斜め薄切り）……½本分

にんにく（薄切り）……½かけ分

B｜トマト缶（カット）……150g
｜塩……小さじ½

オリーブ油……大さじ1

C｜塩……小さじ½強（3g）
｜砂糖……小さじ2
｜こしょう……少々

サワークリーム……適量

ディル……適量

作り方

1 圧力鍋に牛肉、分量の水を入れ、強火にかける。浮いてきたアクを取り、**A**を加えてふたをする。圧力がかかったら弱火にして<u>18分加圧</u>し、火を止めて<u>自然放置</u>する。

2 ビーツは5〜8mm角の棒状に切る。

3 1の圧力が抜けたら、煮汁ごとボウルに移す。セロリなどの野菜は取り除き、大きい肉があればひと口大に裂く。

4 圧力鍋をキッチンペーパーで拭き、オリーブ油、キャベツ、玉ねぎ、にんじん、セロリ、にんにくを入れて中火で炒める。しんなりしたら、**3**、**2**、**B**を加えてふたを閉め、強火にする。圧力がかかったら弱火にして<u>3分加圧</u>し、火を止めて<u>自然放置</u>する。

5 圧力が抜けたら、**C**で味をととのえる。器に盛り、サワークリーム、刻んだディルを添える。

加圧時間

18分

自然放置

3分

自然放置

41

パテ・ド・カンパーニュ

材料（縦9cm×横15.5cm×高さ6cmの型1個分）

豚ひき肉……200g		**A**	白ワイン……大さじ½
鶏ひき肉……120g			塩……小さじ1
鶏レバー……60g			粗びき黒こしょう……少々
ベーコン……5枚		**B**	レーズン……20g
玉ねぎ……¼個			ピスタチオ（皮むき）……10g
バター……10g		**C**	ローリエ……1枚
パン粉……大さじ2			タイム……2～3枝
牛乳……適量			

加圧時間

25分

自然放置

作り方

1 玉ねぎはみじん切りにして耐熱容器に入れ、バターを加えてラップをふんわりかけ、電子レンジ（600W）で1分30秒加熱し、冷ます。パン粉は牛乳大さじ1に浸す。

2 レバーは筋を除き、ひたひたの牛乳に浸して30分ほどおく（臭み抜き）。水けをきって細かく刻む。

3 ボウルに豚と鶏のひき肉を入れ、**A**を加えて粘りが出るまで練る。**1**、**2**を加えて練り、**B**を加えて混ぜる。

a ベーコンは少し重なるようにして型に敷き詰める。ひき肉の生地は空気を入れないようにしっかり詰める。

4 型にベーコン4枚を敷き詰め、**3**を詰めて（写真**a**）表面をならし、残りのベーコンを上にのせ、周りのベーコンを折りたたむ。**C**をのせ、アルミホイルをかぶせる。

5 圧力鍋に水2カップを入れて蒸し台を置き、**4**をのせてふたをし、強火にかける。圧力がかかったら弱火にして<u>25分加圧</u>し、火を止めて<u>自然放置</u>する。圧力が抜けたら取り出し、完全に冷まして（写真**b**）から切り分ける。

b 加圧したら取り出し、完全に冷ます。冷蔵庫にひと晩おくと締まってきれいに切り分けられる。

> **memo**
> つけ合わせには「瞬間ピクルス」（→p.88）を。ナッツやレーズンは好みのものでOK。冷ますときに重しをかけると形がきれいになります。

オーブンだと1時間かかるパテが
加圧25分。しかも、しっとり！

きのことトマトの味が
よくしみてご飯が進みます。

加圧時間

3 分

自然放置

煮込み
ハンバーグ

材料(4人分)
合いびき肉……400g
玉ねぎ……大1個(250g)
まいたけ、しめじ……合わせて300g
パン粉……½カップ
牛乳……大さじ4
A｜ 塩……小さじ1弱(4g)
　｜ こしょう……少々
　｜ ナツメグ……少々
卵……1個
赤ワイン……½カップ
B｜ トマト缶(ホール)……1缶(400g)
　｜ ローリエ……1枚
C｜ ウスターソース……大さじ2
　｜ しょうゆ……小さじ1
サラダ油……大さじ1

作り方

1 玉ねぎは半量をみじん切りにし、耐熱容器に入れてラップをふんわりかけ、電子レンジ(600W)で2分加熱し、冷ます。パン粉は牛乳に浸す。

2 残りの玉ねぎは薄切りにする。まいたけ、しめじは小房に分ける。

3 ひき肉はＡを加えて練り、卵、**1**を加え、粘りが出るまで練る。4等分して小判形に整える。

4 フライパンに油を中火で熱し、**3**の両面を焼き、いったん取り出す。フライパンをキッチンペーパーで軽く拭き、**2**の玉ねぎを入れて炒める。薄く色づいたら赤ワインを加え、煮立てる。

5 圧力鍋に**4**をすべて入れ、**2**のきのこ、Ｂを加え、ふたを閉めて強火にかける。圧力がかかったら弱火にして<u>3分加圧</u>し、火を止めて<u>自然放置</u>する。圧力が抜けたらふたを開け、Ｃを加えて中火で1分ほど煮る。

豆腐入りの大きな肉だんごを
ふわっと煮るなら
圧力鍋に限ります。

肉だんごと
白菜の中華煮

材料（4人分）
豚ひき肉……300g
白菜……300g
もめん豆腐……½丁（200g）
ゆでたけのこ……50g
生しいたけ……3枚
しょうが……½かけ
A　溶き卵……1個分
　　片栗粉……大さじ1
　　おろししょうが……小さじ1
　　しょうゆ……小さじ1
　　塩……小さじ½
　　ごま油……大さじ½
　　紹興酒（または酒）……大さじ½
B　水……1カップ
　　しょうゆ……大さじ1と½
　　紹興酒（または酒）……大さじ1
サラダ油……大さじ1

作り方

1 豆腐はキッチンペーパーで包み、皿などを重しにのせて水切りし、手で細かくくずす。たけのこ、しいたけはみじん切りにする。

2 白菜は大きめのざく切りにし、しょうがは細切りにする。

3 ボウルにひき肉、**A**を入れ、粘りが出るまでよく練り、**1**を加えて混ぜる。4等分して丸く整え、油を熱したフライパンで表面を焼きつける。

4 圧力鍋に**2**を入れ、**B**を加え、**3**の肉だんごをのせる。ふたを閉めて強火にかけ、圧力がかかったら弱火にして<u>3分加圧</u>し、火を止めて<u>自然放置</u>する。

加圧時間

3分

↓

自然放置

↓

45

骨つきさばのみそ煮

材料（4人分）

さば……1尾（約700g）

A｜しょうが（皮つきの薄切り）……2枚
　｜水……¾カップ
　｜酒……¼カップ
　｜みそ……大さじ2
　｜みりん……大さじ2
　｜砂糖……大さじ2

しょうが（せん切り）……適量

加圧時間

30 分

▼

自然放置

▼

作り方

1 さばは胸びれの後ろに包丁を斜めに入れ、頭を切り落とし、内臓をかき出して洗う。キッチンペーパーで水けを拭き、3～4cm幅の筒切りにし（写真**a**）、尾を切り落とす。

2 鍋にさばが浸かるくらいの湯を沸かし、さばを入れる。表面の色が変わったら氷水に取り（写真**b**）、やさしく洗って血合いや汚れを除き、キッチンペーパーで水けを拭く。

3 圧力鍋に**A**を入れ、かき混ぜてみそと砂糖を溶かし、さばを加える。ふたを閉めて強火にかけ、圧力がかかったら弱火にして<u>30分加圧</u>し、火を止めて<u>自然放置</u>する。

4 圧力が抜けたら、ふたを開けて中火にかけ、煮汁をかけながら少し煮詰める。器に盛り、しょうがをのせる。

a 頭を落として内臓を抜いたさばを、背びれや中骨ごと3～4cm幅に切る。加圧するとこれを丸ごと食べられる。

b 沸かした湯にさばをくぐらせ、氷水に取る。これを霜降りという。汚れや生臭みを取るための大切な下ごしらえ。

なんと骨まで食べられる新レシピ。
さばを1尾買ってお試しを！

ぶり大根

加圧時間

8 分

↓

自然放置

↓

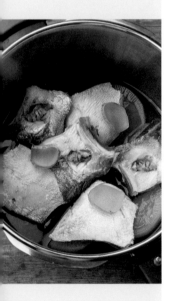

材料(4人分)

ぶりのアラ(カマや頭、腹身など)……500g

塩……大さじ½

大根……700g

A │ しょうゆ……大さじ4
　　│ みりん……大さじ2
　　│ 砂糖……大さじ2

水……¾カップ

酒……¼カップ

しょうが(皮つきの薄切り)……3枚

作り方

1 ぶりは塩をふって10分ほどおく。

2 鍋にぶりが浸かるくらいの湯を沸かし、ぶりを入れ、表面の色が変わったら氷水に取る。ぶりに残っている血合いやウロコなどを取り除き(写真**a**)、キッチンペーパーで水けを拭く。

3 大根は3cm厚さに切り、皮をむいて半月切りにし、圧力鍋の底に並べる。

4 ぶりに**A**をからめて、**3**の大根の上にのせ(写真**b**)、残りの調味料もかける。

5 分量の水、酒、しょうがを**4**に加え、ふたを閉めて強火にかける。圧力がかかったら弱火にして**8分加圧**し、火を止めて**自然放置**する。

6 圧力が抜けたら、ふたを開けて中火にかけ、煮汁をかけながら2～3分煮詰める。

a 熱湯にくぐらせ、氷水の中で洗い、血合いや汚れ、生臭みを除く。このひと手間ですっきりした味になる。

b 濃い下味をからめたぶりを大根の上にのせ、残りの調味料も加えて煮る。煮る間にぶりのうまみが大根に浸透する。

うまみの濃いアラを煮た豪快な一品。
べっこう色になった大根が格別！

いわしの梅煮

材料（3〜4人分）
いわし……6尾
梅干し（塩分8%）……3個
しょうが（皮つきの薄切り）……3枚
A｜水……½カップ
　｜酒……大さじ3
　｜みりん……大さじ3
　｜しょうゆ……大さじ1と½
　｜砂糖……大さじ1と½

加圧時間
18分

▼

自然放置

▼

作り方

1 いわしはウロコがあれば取り、頭を切り落とし、内臓を抜く（写真a）。腹の中を洗い、中骨についている血合いを菜箸でかき出す（写真b）。キッチンペーパーで水けを拭き、尾を切り落とす。

2 圧力鍋にAを入れ、かき混ぜて砂糖を溶かす。いわしを重ならないように入れ、しょうが、梅干しを加え、ふたを閉めて強火にかける。圧力がかかったら弱火にして<u>18分加圧</u>し、火を止めて<u>自然放置</u>する。

3 圧力が抜けたら、ふたを開けて中火にかけ、煮汁をかけながら少し煮詰める（写真c）。

a いわしは胸びれの下に包丁を入れて頭を切り落とす。包丁の先で内臓を押さえ、胴体を引いて抜く。

b 中骨ついている血合いが生臭みのもと。腹の中を洗うときは菜箸で血合いをかき出すのを忘れずに。

memo
いわしは皮がとても弱いので、煮汁に入れるときは絶対に重ねずに。最後に煮詰めるときも皮をさわらないようにします。

c いわしにふれないように煮汁をすくってかける。煮詰めると味が濃くなり照りが出る。

骨まで食べられ、梅の風味でさっぱり。
圧力鍋ならではの人気メニューです。

酢と唐辛子がおいしさのアクセント。
加圧と酢の効果で骨まで食べられます。

加圧時間

25分

自然放置

あじの南蛮煮

材料（4人分）

あじ……4尾（約600g）
玉ねぎ……½個
にんじん……¼本
A｜だし汁……¾カップ
　｜酢……¼カップ
　｜しょうゆ……大さじ1
　｜みりん……大さじ½
　｜砂糖……小さじ1
　｜塩……小さじ¼
　｜赤唐辛子（種を除く）……小1本

作り方

1 あじはウロコを取り、胸びれの後ろから斜めに包丁を入れて頭を切り落とす。内臓をかき出し、洗う。キッチンペーパーで水けを拭き、ぜいご（尾の近くにある筋状の硬いウロコ）をそぎ取り、尾は切り落とす。

2 玉ねぎは縦に薄切りにし、にんじんは細切りにする。

3 圧力鍋にAを入れてあじを加え、ふたを閉めて強火にかける。圧力がかかったら弱火にして25分加圧し、火を止めて自然放置する。

4 圧力が抜けたらふたを開け、2を加えて中火でさっと煮る。

加圧調理した昆布の濃厚な味と食感!
彩りよく、おせちにもぴったり。

サーモンの昆布巻き

材料（10本分）

サーモン（刺身用のサク）……200g
日高昆布（20cm長さ）……10枚（80g）
かんぴょう……10g
A｜酢……大さじ1
　｜酒……大さじ1
B｜砂糖……大さじ4
　｜しょうゆ……大さじ1
みりん……大さじ½

作り方

1 昆布は1カップの水に10分ほど浸し、やわらかく戻す。戻し汁は水を足して1と½カップにする。

2 かんぴょうは水で洗い、塩少々（材料外）をふってもみ、水で洗い流し、太い部分は縦半分に切り、30cm長さ10本にする。サーモンは昆布の幅に合わせて1～2cm角の棒状10本に切る。

3 昆布を広げてサーモンを巻き、かんぴょうで巻いて結び、余分なかんぴょうは切る。

4 圧力鍋にA、1の戻し汁、3を入れて強火にかける。煮立ってきたらアクを取り、いったん火を止める。Bを加え、ふたを閉めて強火にかける。圧力がかかったら弱火にして<u>8分加圧</u>し、火を止めて<u>自然放置</u>する。

5 圧力が抜けたらふたを開け、みりんを加えて中火で1分ほど煮る。

加圧時間

8分

自然放置

圧力鍋で煮ると骨のゼラチン質が
溶け出して極上の味わいに。

加圧時間

5 分

自然放置

鯛のかぶと煮

材料（4人分）

鯛の頭（半割り）
　……2尾分（500〜600g）
ごぼう……1本（200g）
A ┃ 酒……大さじ3
　　┃ しょうゆ……大さじ3と½
　　┃ みりん……大さじ3と½
　　┃ 砂糖……大さじ1
　　┃ 水……¾カップ
木の芽……適量

作り方

1 鍋に鯛が浸かるくらいの湯を沸かし、鯛を入れる。表面の色が変わったら氷水に取り、残ったウロコや血合いを除き、キッチンペーパーで水けを拭く。

2 ごぼうは包丁の背で皮をこそげ、5〜6cm長さに切り、太ければ縦半分に切る。さっと水に浸け、水けをきる。

3 圧力鍋に鯛を入れ、混ぜ合わせた**A**を加え、鯛のすき間にごぼうを加え、ふたを閉めて強火にかける。圧力がかかったら弱火にして**5分加圧**し、火を止めて**自然放置**する。

4 圧力が抜けたら、ふたを開けて中火にかけ、煮汁をかけながら2〜3分煮る。器に盛り、木の芽を添える。

54

さばには韓国風の辛い味つけが
ぴったり。ご飯が進みます。

韓国風さばの
ピリ辛煮

材料（4人分）

さば……1尾（約700g）

わけぎ（または九条ねぎ）……2本（60g）

A ｜ 水……1カップ
　｜ 酒……¼カップ
　｜ 砂糖……大さじ1
　｜ しょうゆ……小さじ1
　｜ しょうが（皮つきの薄切り）……2枚

B ｜ 粗びき粉唐辛子（韓国産）
　｜ 　　……小さじ2
　｜ コチュジャン……小さじ2
　｜ みりん……大さじ½
　｜ おろしにんにく……1かけ分

作り方

1 さばは胸びれの後ろに包丁を斜めに入
れ、頭を切り落とし、内臓をかき出し
て洗う。キッチンペーパーで水けを拭
き、4cm幅に切り、尾を切り落とす。

2 鍋にさばが浸かるくらいの湯を沸か
し、さばを入れる。表面の色が変わっ
たら氷水に取り、やさしく洗って血合
いや汚れを除き、水けを拭く。

3 圧力鍋にA、さばを入れ、ふたを閉め
て強火にかける。圧力がかかったら弱
火にして<u>30分加圧</u>し、火を止めて<u>自
然放置</u>する。

4 圧力が抜けたらふたを開け、4cm長さ
に切ったわけぎ、Bを加え、煮汁をか
けながら中火で2〜3分煮る。

加圧時間

30分

↓

自然放置

↓

> **memo**
> 韓国産の粉唐辛子は辛みが
> 弱いので、一味唐辛子で代
> 用する場合は小さじ½くら
> いを目安にしてください。

こっくり煮えたこの色！
いかも里いもも味がしみてます。

いかと里いもの煮もの

加圧時間

3分

▼

自然放置

▼

材料（3〜4人分）

いか……2はい（450〜500g）
里いも……5〜6個（500g）

A｜水……¾カップ
　｜しょうゆ……大さじ2
　｜みりん……大さじ2
　｜酒……大さじ2
　｜砂糖……大さじ1

作り方

1 いかは足とワタを抜き、胴は軟骨を除いて洗い、2〜3cm厚さの輪切りにする。足はワタを切り落とし、吸盤をしごいて取り、洗う。足先を少し切り落とし、2本ずつに切り分ける。

2 里いもは大きいものは2〜3等分に切る。塩少々（材料外）をふり、ぬめりが出るまでもみ、洗って水けをきる。

3 圧力鍋に1、2、Aを入れ、ふたを閉めて強火にかける。圧力がかかったら弱火にして<u>3分加圧</u>し、火を止めて<u>自然放置</u>する。

4 圧力が抜けたらふたを開け、中火にかけ、煮汁をかけながら少し煮詰める。

たこをやわらかく煮るなら圧力鍋！
普通の鍋のときの1/3以下の時間です。

たこのトマト煮

材料(3〜4人分)
ゆでだこ……500g
玉ねぎ……1個
セロリ……1本
にんにく……1かけ
トマト缶(ホール)……1缶(400g)
オリーブ(グリーン・種抜き)……12粒
ローリエ……1枚
白ワイン……¼カップ
オリーブ油……大さじ1
塩……小さじ½
こしょう……少々

作り方

1 玉ねぎは半分に切り、横に薄切りにする。セロリは薄切りにし、にんにくは縦半分に切って芯を取り、薄切りにする。

2 たこは1本ずつに切り分け、足先を少し切り落とす。

3 圧力鍋にオリーブ油とにんにくを入れて、中火にかける。香りが立ってきたら、玉ねぎとセロリを加え、しんなりするまで炒める。

4 白ワイン、たこ、トマト缶、オリーブ、ローリエを加え、ふたを閉めて強火にかける。圧力がかかったら弱火にして<u>10分加圧</u>し、火を止めて<u>自然放置</u>する。

5 圧力が抜けたらふたを開け、塩とこしょうで味をととのえ、中火にかけてさっと煮る。

加圧時間
10分
↓
自然放置
↓

濃厚ポタージュペースト

圧力鍋で野菜の風味をギュッと凝縮したペーストを作り、冷凍ストックに。
水や牛乳でのばすと、とろりとしたポタージュが手軽に味わえます。

野菜の甘さに驚く

かぼちゃと
にんじんの
ポタージュペースト

加圧時間
3 分

自然放置

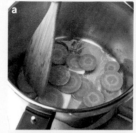
a

b

c

d

材料（4回分）

かぼちゃ……400g
にんじん……1本
バター……20g
A ｜ 水……1と½カップ
　　｜ 塩……小さじ1弱（4g）

作り方

1 かぼちゃは皮を除いて3つくらいに切る。に
んじんは薄切りにする。

2 圧力鍋を中火にかけてバターを溶かし、にん
じんを炒める（写真**a**）。艶が出たら**A**、かぼ
ちゃを加え（写真**b**）、ふたを閉めて強火にす
る。圧力がかかったら弱火にして<u>3分加圧</u>し、
火を止めて<u>自然放置</u>する。

3 圧力が抜けたら、ハンドブレンダーかミキサ
ーでペーストにし（写真**c**）、4等分して保存袋
に入れ（写真**d**）、冷凍する。

食べる
とき

ペーストの¼量に水¼カップを加
え、電子レンジで温め、好みでオリー
ブ油をたらす。

おいしい
和風ポタージュ

数種のきのこを使うと
美味です

玉ねぎの
すり流しの
ペースト

加圧時間

4分

▼

自然放置

材料（4回分）

玉ねぎ……2個

A | ご飯……80g
　 | だし汁……1と¼カップ

白みそ（西京みそ）……大さじ2

塩……小さじ½弱（2g）

作り方

1 玉ねぎは4つに切り、芯の部分を除く。

2 圧力鍋に**1**、**A**を入れ、ふたを閉めて強火に
かける。圧力がかかったら弱火にして<u>4分加
圧</u>し、火を止めて<u>自然放置</u>する。

3 圧力が抜けたら、白みそと塩を加え、ハンド
ブレンダーかミキサーでペーストにし、4等
分して保存袋に入れて冷凍する。

きのこと
さつまいもの
ポタージュペースト

加圧時間

3分

▼

自然放置

材料（4回分）

きのこ（数種合わせて）*……300g

さつまいも……小1本（200g）

玉ねぎ（横に薄切り）……½個分

バター……20g

水……1と¼カップ

A | クリームチーズ……65g
　 | 塩……小さじ1
　 | こしょう……少々

＊まいたけ、生しいたけ、マッシュルームなど。

作り方

1 きのこは大きめに切る。さつまいもは皮をむ
いて3つに切り、水に浸けて水けをきる。

2 圧力鍋を中火にかけてバターを溶かし、玉ね
ぎをしんなりするまで炒める。**1**、分量の水
を加え、ふたを閉めて強火にする。圧力がか
かったら弱火にして<u>3分加圧</u>し、火を止めて
<u>自然放置</u>する。

3 圧力が抜けたら、**A**を加えてハンドブレンダ
ーかミキサーでペーストにし、4等分して保
存袋に入れて冷凍する。

食べる
とき

ペーストの¼量に無調整豆乳大さじ
3を加え、電子レンジで温め、好み
で青ねぎの斜め薄切りを浮かべる。

食べる
とき

ペーストの¼量に水¼カップを加
え、電子レンジで温める。

人気の冷製スープを
作りおき

ビシソワーズの ペースト

加圧時間
5分

自然放置

材料（4回分）

じゃがいも……2個

長ねぎ……2本

A | 洋風スープの素（顆粒）……小さじ½
　　| 水……1と½カップ

塩……小さじ1弱（4g）

こしょう……少々

作り方

1 じゃがいもは4つに切り、水に5分ほど浸けて水けをきる。長ねぎは3～4cm長さに切る。

2 圧力鍋に**1**、**A**を入れ、ふたを閉めて強火にかける。圧力がかかったら弱火にして<u>5分加圧</u>し、火を止めて**自然放置**する。

3 圧力が抜けたら、塩とこしょうを加え、ハンドブレンダーかミキサーでペーストにし、4等分して保存袋に入れて冷凍する。

根菜のうまみと香りを
味わう

ごぼうの ポタージュペースト

加圧時間
5分

自然放置

材料（4回分）

ごぼう……200g

玉ねぎ……½個

じゃがいも……小1個（100g）

バター……20g

A | 洋風スープの素（顆粒）……小さじ½
　　| 水……1と½カップ

塩……小さじ1弱（4g）

こしょう……少々

作り方

1 ごぼうは皮をこそげ、斜め薄切りにし、水にさっと浸けて水けをきる。玉ねぎは横に薄切りにする。じゃがいもは1cm厚さに切り、水に5分ほど浸けて水けをきる。

2 圧力鍋を中火にかけてバターを溶かし、玉ねぎをしんなりするまで炒める。ごぼうとじゃがいもを加えてさっと炒め、**A**を加えてふたを閉めて強火にする。圧力がかかったら弱火にして<u>5分加圧</u>し、火を止めて**自然放置**する。

3 圧力が抜けたら、塩とこしょうを加え、ハンドブレンダーかミキサーでペーストにし、4等分して保存袋に入れて冷凍する。

食べる
とき

ペーストの¼量を解凍し、牛乳¼カップと生クリーム大さじ1でのばす。好みで青ねぎの小口切りを浮かべる。

食べる
とき

ペーストの¼量に牛乳または無調整豆乳大さじ3を加えて電子レンジで温め、好みでクルトンを浮かべる。

2章

うちの
定番
おかず

野菜のおかず
卵のおかず
海藻のおかず
豆のおかず

トマトクリーム
ロールキャベツ

加圧時間

10分

自然放置

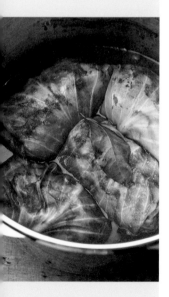

材料(4人分)

キャベツの葉……大8枚*(約750g)
合いびき肉……200g
玉ねぎ……¼個

A│パン粉……大さじ2
　│牛乳……大さじ2
　│塩……小さじ½
　│こしょう……少々

B│トマトジュース(食塩無添加)
　│　……2カップ
　│ローリエ……1枚
　│塩……小さじ1弱(4g)
　│こしょう……少々

C│生クリーム(乳脂肪40％以上)
　│　……½カップ
　│塩……小さじ⅓
　│こしょう……少々

＊大小合わせて10～12枚でもよい。

作り方

1 鍋に湯を沸かし、キャベツの葉をさっとゆで、ざるにあげて冷ます。芯は厚みを少しそぎ切ってみじん切りにする。

2 玉ねぎはみじん切りにし、耐熱容器に入れ、ラップをふんわりかけ、電子レンジ(600W)で1分30秒加熱し、冷ます。

3 ボウルにひき肉、A、1のみじん切りの芯、2の玉ねぎを入れ、練り合わせる。

4 キャベツの葉を2枚ずつ重ね、3の¼量ずつをのせて包み(写真a)、包み終わりを楊枝で留める。葉は大小を組み合わせて包むとよい。

a 1個50gの肉だねを大きな葉2枚重ねで包む、ビッグサイズ。圧力鍋だから大きくても火が通る。

5 圧力鍋に4を入れ、Bを加え、ふたを閉めて強火にかける。圧力がかかったら弱火にして<u>10分加圧</u>し、火を止めて<u>自然放置</u>する。

6 圧力が抜けたらふたを開け、Cを加え、煮汁をかけながら中火で2分ほど煮る(写真b)。

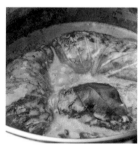

b 加圧調理した後に生クリームを加えると分離しにくく、なめらかな口当たりになる。

びっくりするほど大きいのに、
スプーンですっと切れるやわらかさ！

筑前煮

材料（4人分）

鶏もも肉（から揚げ用ぶつ切り）
　……300g
れんこん……150g
ごぼう……1本
にんじん……1本
干ししいたけ……4枚
こんにゃく……1枚（200g）

さやいんげん……4本
A｜しょうゆ……大さじ3
　｜酒……大さじ2
　｜砂糖……大さじ1
　｜みりん……大さじ1
サラダ油……大さじ1

作り方

1 干ししいたけは水1カップに浸け、包丁で切れる程度に戻す（戻し汁は水を足して¾カップにして取りおく）。軸を切り落とし、半分に切る。こんにゃくは表面に格子状の切り込みを入れ、2cm角に切り、3分ほどゆでてアク抜きする。

2 れんこん、ごぼうは乱切りにし、水に浸けて水けをきる。にんじんは乱切りにする。

3 圧力鍋に油を入れて中火にかけ、鶏肉の皮側から焼き（写真a）、両面を焼いたらいったん取り出す。**2**を加えてさっと炒め、**1**（戻し汁も）、鶏肉、**A**を加える。

4 ふたを閉めて強火にかけ、圧力がかかったら弱火にして<u>3分加圧</u>し、火を止めて<u>自然放置</u>する。

5 圧力が抜けたらふたを開け、3cm長さに切ったいんげんを加え、中火で2分ほど煮る。

a 鶏肉は皮側から焼き始める。すぐ動かすと皮がはがれるので、脂がしみ出るまで待つのがコツ。

加圧時間

3分

▼

自然放置

▼

肉や野菜、乾物など7種もの材料に
たった加圧3分で味がしみます。

白菜と豚肉の重ね煮

材料（3～4人分）
白菜……¼株（700g）
豚バラ肉（薄切り）……200g
にんにく……1かけ
A みそ……大さじ2と½
みりん……大さじ1
酒……大さじ1
水……¼カップ

加圧時間

3 分

▼

自然放置

▼

作り方

1 白菜は葉を2～3枚ずつ重ねて間に豚肉を
はさみ込み、7～8cm幅に切る。

2 にんにくは縦半分に切って芯を除き、薄切
りにする。

3 圧力鍋に**1**を立てて並べ入れる。にんにく
を散らし、混ぜ合わせた**A**をかけてふたを
閉め、強火にかける。圧力がかかったら弱
火にして**3分加圧**し、火を止めて**自然放置**
する。

白菜も豚バラもとろとろに。
汁ごとご飯にかけたくなります。

丸ごとパプリカの肉詰め

加圧時間

8 分

▼

自然放置

▼

材料（4人分）

パプリカ（赤、黄）……各2個
合いびき肉……300g
玉ねぎ……¼個
ご飯……100g
小麦粉……適量

A | 塩……小さじ1
　　| こしょう……少々
　　| ナツメグ……少々

B | 洋風スープの素（顆粒）……小さじ1
　　| 水……1カップ
　　| 白ワイン……大さじ2

塩……小さじ½弱（2g）
こしょう……少々

C | プレーンヨーグルト（無糖）
　　|　……½カップ
　　| おろしにんにく……少々
　　| 塩……ふたつまみ（1g）

作り方

1 パプリカはヘタの周りにぐるりと切り目を入れ、ヘタをワタごと抜き取る。ヘタについてる種とワタを切り落とし、中に残った種を出し、内側に小麦粉を薄くふる。

2 玉ねぎはみじん切りにし、耐熱容器に入れてラップをふんわりかけ、電子レンジ（600W）で1分30秒加熱し、冷ます。

3 ボウルにひき肉を入れ、**A**を加えて練り、玉ねぎとご飯を加えて混ぜ合わせる。**1**のパプリカの中に¼量ずつ詰め、ヘタでふたをする。

4 圧力鍋に**3**を入れ、**B**を加え、ふたを閉めて強火にかける。圧力がかかったら弱火にして**8分加圧**し、火を止めて<u>自然放置</u>する。

5 圧力が抜けたら、肉詰めを器に盛る。煮汁は塩、こしょうで味をととのえ、適量を肉詰めにかける。混ぜ合わせた**C**を添える。

memo
肉詰めにヨーグルトのソースをかけると、ちょっとエキゾチックな味わいになりますよ。

ご飯入りの肉だねを詰めて加圧8分。
肉汁がたっぷりが詰まっています。

おでん

材料（4人分）

大根(4cm厚さ)……4切れ(700g)	**A** うす口しょうゆ……大さじ1と½
ゆで卵……4個	みりん……大さじ1
ちくわ……2本	酒……大さじ1
日高昆布(15cm長さ)……4枚(15g)	砂糖……小さじ¾
水……3カップ	塩……小さじ⅔
削り節(だし用)……15g	

作り方

1 大根は皮をむく。昆布は分量の水に2～3分浸け、やわらかくなったら結ぶ(写真**a**)。戻し汁は取りおく。ちくわは斜め半分に切る。

2 圧力鍋に、**1**の大根、結び昆布、昆布の戻し汁を入れ、ふたを閉めて強火にかける。圧力がかかったら弱火にして<u>8分加圧</u>し、火を止めて<u>自然放置</u>する。

3 削り節は不織布のお茶パックに詰める。

4 **2**の圧力が抜けたらふたを開け、**3**、**A**、ちくわ、殻をむいたゆで卵を加え、弱火で4～5分煮る。いったん冷ますと味がしみてよりおいしくなる。

加圧時間

8分

↓

自然放置

↓

a 昆布は水に浸け、結べるくらいのやわらかさになったら、結ぶ。戻しすぎると結びにくくなるのでご注意を。

memo
ゆで卵は圧力鍋で作ることもできます(→p.18)。

具材4種のシンプルおでん。
加圧で持ち味が引き出されます。

ホクホクした新じゃがに
鶏そぼろがとろりとからみます。

新じゃがの
そぼろ煮

材料（4人分）

新じゃがいも＊
　……小8個（600～650g）
鶏ひき肉（もも）……200g
A | 酒……大さじ2
　　| しょうゆ……大さじ2と½
　　| 砂糖……大さじ2と½
水……1カップ
B | 片栗粉……大さじ½
　　| 水……大さじ1

＊新じゃがいもがないときは、小さめのメーク
インを使う。

作り方

1 じゃがいもは皮つきのまま、たわしや
スポンジなどでよく洗う。

2 圧力鍋にひき肉と**A**を入れ、菜箸でひ
き肉をほぐし、中火にかける。ときど
きかき混ぜ、肉の色が変わったら、分
量の水を加え、煮立ったらアクを取る。

3 **2**にじゃがいもを加え、ふたを閉めて
強火にかける。圧力がかかったら弱火
にして**3分加圧**し、火を止めて**自然放
置**する。

4 圧力が抜けたら、ふたを開けて中火に
かける。煮立ったら、混ぜ合わせた**B**
を加えてとろみをつける。

さつまいもの甘みにナンプラー。
抜群の相性なのです。

さつまいもと鶏肉のココナッツ煮

材料（3〜4人分）
さつまいも……2本（500g）
玉ねぎ……1個
鶏もも肉（から揚げ用ぶつ切り）
　……300g
塩……小さじ½
こしょう……少々
しょうが……½かけ
にんにく……1かけ
カレー粉……小さじ2
ココナッツクリーム*……100g
A ┃ ナンプラー……大さじ½
　　┃ 水……¾カップ
B ┃ レモン汁……小さじ1
　　┃ ナンプラー……小さじ½〜1
サラダ油……大さじ1
＊ココナッツミルクより脂肪分が多く濃厚。

作り方

1 鶏肉は塩、こしょうをふって10分おく。さつまいもは皮つきのまま3cm幅に切り、水に10分ほど浸ける。

2 玉ねぎは2cm幅のくし形に切り、しょうがとにんにくはみじん切りにする。

3 圧力鍋に油を入れて中火にかけて鶏肉の表面を焼きつけ、**2**を加えてさっと炒める。カレー粉を加えて軽く炒め、さつまいも、**A**を加えてふたをし、強火にする。圧力がかかったら弱火にして<u>2分加圧</u>し、火を止めて<u>自然放置</u>する。

4 圧力が抜けたらふたを開け、ココナッツクリームを煮汁で溶いてなめらかにして加え、**B**で味をととのえる。

加圧時間
2分

自然放置

73

里いもはねっとり、牛肉はほろっ。
加圧2分で感動の食感に。

加圧時間

2分

▼

自然放置

▼

里いもと
牛肉の煮もの

材料(4人分)
里いも……5〜6個(600g)
長ねぎ……1本
牛肉(切り落とし)……200g
A｜ だし汁……1カップ
　　酒……¼カップ
　　しょうゆ……大さじ2と½
　　砂糖……大さじ1

作り方

1 里いもは大きいものは半分に切る。長ねぎは2cm幅の斜め切りにする。牛肉は大きければ食べやすく切る。

2 圧力鍋にAを入れて中火にかけ、煮立ったら牛肉を加える。肉の色が変わったら肉を取り出し、アクを取っていったん火を止める。

3 2の鍋に里いもと長ねぎを加え、肉をその上にのせ、ふたを閉めて強火にかける。圧力がかかったら弱火にして<u>2分加圧</u>し、火を止めて<u>自然放置</u>する。

なんと加圧時間は30秒！
丸ごとだからこそのおいしさ。

なすと
ピーマンの丸煮

材料(3〜4人分)
なす……5本
ピーマン……5個
豚肉(切り落とし)……200g
しょうが……½かけ
A 酒……大さじ2
　　 砂糖……大さじ2
　　 水……大さじ2
　　 みそ……大さじ1と½
　　 しょうゆ……大さじ1
ごま油……大さじ1

作り方

1 なすはヘタを切り落とし、縦に4〜5
本浅く切り込みを入れる。ピーマンは
破裂しないように包丁の先で2〜3か
所刺す。しょうがは細切りにする。

2 圧力鍋にごま油を入れて強火にかけ、
なす、ピーマンの表面を軽く焼きつけ、
いったん取り出す。豚肉としょうがを
入れ、肉の色が変わるまで炒め、火を
止める。

3 2の鍋になすとピーマンを戻し、混ぜ
合わせた**A**を加え、ふたを閉めて強火
にかける。圧力がかかったら弱火にし
て30秒加圧し、火を止めて自然放置
する。

4 圧力が抜けたら、ふたを開けて中火に
かけ、煮汁をかけながらさっと煮る。

加圧時間
0.5分
↓
自然放置
↓

蒸し器なら20分、でも加圧なら4分。
ナイフ&フォークで召し上がれ。

加圧時間

4 分

▼

自然放置

▼

丸ごと蒸し野菜

材料（2～3人分）
玉ねぎ……1個
にんじん……1本
さつまいも……小1本(200g)
塩……適量
オリーブ油……適量
［みそチーズソース］
　牛乳……½カップ
　ピザ用チーズ……25g
　みそ……小さじ2
　片栗粉……小さじ½

作り方

1 玉ねぎは上下を少し切り落とす。にん
じん、さつまいもは皮つきのままよく
洗う。

2 圧力鍋に水1カップを入れて蒸し台を
置き、1をのせる。ふたを閉めて強火
にかけ、圧力がかかったら弱火にして
<u>4分加圧</u>し、火を止めて<u>自然放置</u>する。

3 ソースを作る。チーズに片栗粉をまぶ
す。小鍋に牛乳を入れて中火にかけ、
みそを加えて溶かす。煮立ったらチー
ズを加え、チーズが溶けてとろりとし
たら火を止める。

4 2の圧力が抜けたらふたを開け、野菜
を半分に切って器に盛り、塩、オリー
ブ油、3のソースを添える。

圧力鍋が根菜の力を引き出すから、
スープの素なしでこんなにおいしい!

根菜の
ミネストローネ

材料（4人分）

ベーコン（ブロック）……80g
にんじん……⅓本
里いも……1個（100g）
れんこん……100g
玉ねぎ……½個
ごぼう……½本（80g）
にんにく……½かけ
ミニトマト……12個
オリーブ油……大さじ1
水……2カップ
塩……小さじ½弱（2g）
A ｜ 塩……小さじ½弱（2g）
　 ｜ こしょう……少々
粉チーズ……適量

作り方

1 にんじん、里いも、れんこん、玉ねぎは1～1.5cm角に切る。ごぼうは縦2～4つ割りにして1～1.5cm長さに切る。れんこんとごぼうは水にさっと浸け、水けをきる。ベーコンは8mm角の棒状に切る。にんにくはみじん切りにする。

2 圧力鍋にオリーブ油を中火で熱し、ベーコンを炒め、残りの**1**を加えて炒める。全体に油が回ったら、分量の水、ミニトマト、塩を加え、ふたを閉めて強火にかける。圧力がかかったら弱火にして<u>2分加圧</u>し、火を止めて<u>自然放置</u>する。

3 圧力が抜けたらふたを開け、中火にかけて**A**で味をととのえる。器に盛り、粉チーズをかける。

加圧時間

2 分

↓

自然放置

↓

あんかけ茶碗蒸し

材料（直径18cmの鉢1個分）

[卵液]
卵……2個
だし汁……1と½カップ
A ┃ うす口しょうゆ……小さじ1
　　┃ みりん……小さじ1
　　┃ 塩……ふたつまみ

[あん]
かに風味かまぼこ……2本
生しいたけ……2枚
三つ葉……3本
だし汁……⅔カップ
B ┃ うす口しょうゆ……小さじ½
　　┃ 塩……ひとつまみ
C ┃ 片栗粉……小さじ1
　　┃ 水……小さじ2

加圧時間

2.5分
▼

10分放置
▼

作り方

1 卵は溶きほぐし、**A**を加えて混ぜ、だし汁
1と½カップも加える。ざるでこして器に
入れ、アルミホイルをかぶせる。

2 圧力鍋に水1カップを入れ、蒸し台を置い
て（写真**a**）**1**をのせ（写真**b**）、ふたを閉めて強
火にかける。圧力がかかったら弱火にして
<u>2分30秒加圧</u>し、火を止めて**10分放置**す
る。

3 かにかまぼこは半分の長さに切り、裂く。
しいたけは薄切りにする。三つ葉は2cm長
さに切る。

4 小鍋にあん用のだし汁としいたけを入れ、
ふたをして弱火で2分ほど煮る。かにかま
ぼこを加え、**B**で味をととのえ、混ぜ合わ
せた**C**でとろみをつける。

5 **2**のふたを開け（10分放置すると圧力は抜けて
いる）、取り出す。**4**に三つ葉を加えてさっ
と煮て、かける。

a 圧力鍋で蒸しものをするとき
は、必ず水1カップ以上を入れて
から蒸し台を置く。

b 卵液を入れた器にアルミホイル
をかぶせ、蒸し台に置く。加圧後
に取り出しやすいサイズの器にす
ること。

> **●「ス」の正体は水蒸気**
> 蒸し器や鍋で茶碗蒸しを作る
> と、卵液中のたんぱく質が固
> まる温度（約80℃）と、水分
> が沸騰して水蒸気になる温度
> （100℃）が近いので、スが入
> りやすいのです。でも、圧力
> 鍋は沸点が120℃なので水蒸
> 気が発生せず、なめらかに仕
> 上がります。

圧力鍋なら「ス」が入る心配なし。
鉢でたっぷり作りましょう。

加圧0分で茶碗蒸しが作れます！
飽きのこないシンプルさ。

加圧時間

0 分

10 分放置

ひき肉と豆乳の 茶碗蒸し

材料（150mℓ容量の器4個分）
卵……2個
無調整豆乳……1と½カップ
鶏ひき肉……100g
塩……小さじ½
A ┃ ごま油……大さじ½
　　┃ しょうゆ……大さじ½
青ねぎ（小口切り）……適量

作り方

1 卵は溶きほぐし、豆乳を加えて混ぜ、ざるでこす。

2 ひき肉に塩を加えて菜箸でほぐし、耐熱カップまたは器に¼量ずつ入れる。**1**を注ぎ、アルミホイルをかぶせる。

3 圧力鍋に水1カップを入れて蒸し台を置き、**2**をのせ、ふたを閉めて強火にかける。圧力がかかったら（ラインが2本見えたら）すぐに火を止め、10分放置する。

4 ふたを開け（10分放置すると圧力は抜けている）、取り出し、**A**を混ぜてかけ、青ねぎをのせる。

乾物2種の滋味。
油揚げが味のまとめ役です。

ひじきと
油揚げの煮もの

材料（作りやすい分量）
ひじき（芽ひじき）……30g
干ししいたけ（スライス）……10g
にんじん……⅓本
油揚げ……1枚
A ｜ だし汁……1カップ
　｜ しょうゆ……大さじ1と⅓
　｜ みりん……大さじ1
　｜ 酒……大さじ1
　｜ 砂糖……大さじ1
ごま油……大さじ1

作り方

1 ひじきと干ししいたけはざるに入れ、さっと洗い、水けをきる。にんじんは3mm厚さの短冊切りにする。油揚げは熱湯をかけ、水けを取り、短冊切りにする。

2 圧力鍋にごま油を中火で熱し、にんじんを加えてさっと炒め、残りの**1**、**A** を加え、ふたをして強火にする。圧力がかかったら弱火にして**2分加圧**し、火を止めて**自然放置**する。

3 圧力が抜けたら、ふたを開けて中火にかけ、1～2分煮含める。

加圧時間

2分

↓

自然放置

↓

81

結び昆布と
たけのこの煮もの

加圧時間

8 分

↓

自然放置

↓

材料(3〜4人分)

日高昆布(15cm長さ)……6枚(25g)

ゆでたけのこ……1個(300〜350g)

油揚げ……2枚

削り節(だし用)……8g

A ┃ うす口しょうゆ……大さじ1と½
┃ みりん……大さじ1と½
┃ 酒……大さじ1

作り方

1 昆布は水2カップに浸け、2〜3分おいてやわらかくなったら結び目を作る。戻し汁に水を足して2カップにする。

2 たけのこの穂先は縦4つ割りにし、下の部分は1.5cm厚さのいちょう切りにする。油揚げは熱湯をかけ、キッチンペーパーで水けを取り、それぞれ4つに切る。

3 鍋に**1**の戻し汁を入れて中火にかけ、煮立ったら削り節を加える。ひと煮立ちしたら火を止め、削り節が沈んだらざるでこしてだし汁を取る。

4 圧力鍋に昆布、たけのこ、油揚げ、**3**のだし汁、**A**を入れ、ふたを閉めて強火にかける。圧力がかかったら弱火にして**8分加圧**し、火を止めて<u>自然放置</u>する。

> **◉加圧5分！**
> **たけのこのゆで方**
>
> **1** たけのこ(生)1個(約600g)は外側の皮を2〜3枚むき、穂先を斜めに切り落とし、縦に切り込みを1本入れる。
> **2** 圧力鍋にたけのこを入れ、米のとぎ汁6カップ、赤唐辛子(種を除く)1本を加え、ふたを閉めて強火にかける。圧力がかかったら弱火にして5分加圧し、火を止めて自然放置する。
>
>
>
> **3** 圧力が抜けたらふたを開け、ゆで汁に浸したままひと晩おいて冷ます。皮をむくと正味は300〜350g。

加圧した昆布はねっとり、むっちり。
圧力鍋ならではの味と食感です。

圧力鍋でゆでてから甘みを加えると
煮くずれず艶よく仕上がります。

加圧時間

7 分

自然放置

花豆の甘煮

材料（作りやすい分量）
紫花豆（乾燥）……150g
砂糖……150g（豆と同量）
塩……ひとつまみ
しょうゆ……小さじ½

作り方

1 花豆をさっと洗い、5倍量の水に24時間浸けておく。

2 鍋に**1**の豆を水ごと入れて強火にかけ、沸騰したら弱火にして3分ゆで、火を止めて5分おく。ざるに上げ、さっと洗う。

3 圧力鍋に**2**、水2カップを入れ、落としぶたをし、ふたを閉めて強火にかける。圧力がかかったら弱火にして<u>7分加圧</u>し、火を止めて<u>自然放置</u>する。

4 圧力が抜けたらふたを開け、落としぶたを取る。砂糖の半量を加えて弱火にかけ、2分煮て残りの砂糖を加え、さらに2分煮る。塩としょうゆを加えて火を止め、常温になったら煮汁ごと容器に移す。1日以上おいて味を含ませ、冷蔵庫で保存する。

甘い煮汁にひと晩浸けてから
18分加圧でふっくら、つやつや。

黒豆

材料（作りやすい分量）

黒豆（乾燥）……200g
A | 水……3と½カップ
砂糖……100g
きび砂糖……90g
塩……ふたつまみ

●黒豆を真っ黒にするために

黒豆をより黒くするために、昔は錆びた釘を加えていましたが、いまは鉄分補給専用の鉄材（鉄玉、鉄玉子など）がよく使われます。鉄の成分が黒豆のアントシアニンと反応することで深い黒色になります。鉄材を使わない場合も作り方は同じです。

作り方

1 鍋に**A**を入れて強火にかけ、煮立ったら火を止める。さっと洗った黒豆、鉄材（左下参照）を加えてひと晩おく。

2 圧力鍋に**1**を入れて（鉄材を移すときは注意する）中火にかけ、煮立ったらアクを取る。

3 クッキングシートで落としぶたをし、さらに重さのある落としぶたをのせ（→p.8）、ふたを閉めて強火にかける。圧力がかかったら弱火にして<u>18分加圧</u>し、火を止めて<u>自然放置</u>する。

4 圧力が抜けたらふたを開け、落としぶたを取り（クッキングシートは残す）、冷ます。常温になったら煮汁ごと容器に移す（鉄材は除く）。1日以上おいて味を含ませ、冷蔵庫で保存する。

加圧時間

18分

↓

自然放置

↓

ルウを使わない本格派のレシピです。
つぶしたひよこ豆がとろみに。

加圧時間
6分
▼

自然放置

ひよこ豆の
スパイスカレー

材料(3～4人分)
ひよこ豆(乾燥)……200g
水……2と½カップ
玉ねぎ……大1個(300g)
にんにく……1かけ
しょうが……1かけ
トマト缶(カット)……½缶(200g)
A ┃ ローリエ……1枚
┃ 赤唐辛子(種を除く)……1本
┃ クミンシード……小さじ1
┃ カルダモン(あれば)……2粒
B ┃ カレー粉……大さじ1
┃ 塩……小さじ½強(3g)
塩……小さじ⅓
サラダ油……大さじ2

作り方
1 ひよこ豆はさっと洗い、分量の水に浸けてひと晩おく。

2 玉ねぎ、にんにく、しょうがはみじん切りにする。

3 圧力鍋に油を中火で熱し、**A**を入れる。スパイスから泡が立ち始めたら**2**を加え、薄く色づくまで炒める。トマト缶を加えてさっと炒め、**B**、**1**の豆を水ごと加え、ふたを閉めて強火にする。圧力がかかったら弱火にして<u>6分加圧</u>し、火を止めて<u>自然放置</u>する。

4 圧力が抜けたらふたを開け、中火にかける。豆の⅓くらいをへらでつぶしながら1～2分煮て、塩で味をととのえる。

金時豆をひと晩水に浸けた後6分加圧。
チリパウダーが食欲をそそります。

チリコンカン

材料（4人分）

金時豆（乾燥）……120g
合いびき肉……300g
玉ねぎ……1個
にんにく……1かけ
ピーマン……2個
A｜塩……小さじ½弱（2g）
　｜粗びき黒こしょう……少々
B｜水……1カップ
　｜トマト缶（ホール）……1缶（400g）
　｜チリパウダー……大さじ1
　｜ローリエ……1枚
トマトケチャップ……大さじ2
塩……小さじ½
オリーブ油……大さじ½

作り方

1 金時豆はさっと洗い、3倍量の水に浸けてひと晩おく。

2 玉ねぎは粗みじんに切り、にんにくはみじん切りにする。

3 鍋に1の豆を水ごと入れて強火にかける。沸騰したら弱火にして3分ゆで、火を止めて5分おき、ざるに上げる。

4 ひき肉はAをふる。圧力鍋にオリーブ油を中火で熱し、ひき肉を炒める。色が変わったら、2を加えてさっと炒め、B、3の豆を加え、ふたを閉めて強火にかける。圧力がかかったら弱火にして<u>6分加圧</u>し、火を止めて<u>自然放置</u>する。

5 圧力が抜けたらふたを開け、5mm角に切ったピーマン、トマトケチャップを加え、塩で味をととのえ、1～2分中火で煮る。

加圧時間
6分
↓
自然放置
↓

瞬間ピクルス

圧力鍋のピクルス作りはなんと加圧0分。
圧力で味を浸透させる力で、しっかり漬かったピクルスが「瞬間」で作れます。

> 食感さっくり
> 味はしっかり

加圧時間

0 分

▼

急冷

材料（作りやすい分量）

カリフラワー……½株

きゅうり……1本

パプリカ（赤、黄）……各½個

セロリ……1本

A ┃ 水……½カップ
┃ 白ワインビネガー（または酢）
┃ ……¾カップ
┃ 砂糖……大さじ2
┃ 塩……小さじ1強（6g）
┃ 黒粒こしょう……6粒
┃ ローリエ……1枚

作り方

1 カリフラワーは小房に分け、きゅうりは3cm長さに切る。パプリカは横半分に切り、2〜3cm幅に切る。セロリは2〜3cm角に切る。

2 圧力鍋に**1**、**A**を入れ（写真**a**）、ふたを閉めて強火にかける。圧力がかかったら（ラインが2本見えたら）すぐに火を止め、急冷する（→p.7）。

3 圧力が抜けたら、容器に移して冷ます。

a

3章

多めに
作りおき

豚バラ肉で作りおき
ゆで豚

ブロックで加圧するからうまみが逃げず、仕上がりは
しっとりやわらか。塩と砂糖で下味をつけ、最後に固
まった脂を除くとさっぱり、ヘルシーになります。

加圧時間

10 分

▼

自然放置

材料（作りやすい分量）
豚バラ肉（ブロック）……約600g
A｜塩（豚肉の重さの1.5%）……9g
　｜砂糖……小さじ⅔
B｜長ねぎの青い部分……1本分
　｜しょうが（皮つきの薄切り）……4枚
　｜酒……¼カップ

memo
豚バラ肉のブロックはタコ糸で縛らず
に加圧調理すると肉が広がります。
チャーシュー用ネットで包まれた肉な
らそのままでOK。

作り方
1 豚肉はAをまぶし、ラップで包ん
　で冷蔵庫で半日ほどおく。
2 1をタコ糸で縛る。圧力鍋に入れ、
　水1ℓ、Bを加え、ふたを閉めて
　強火にかける。圧力がかかったら
　弱火にし、10分加圧し、火を止
　めて自然放置する。
3 冷めて表面に浮いた白い脂を取り
　除く。夏は冷蔵庫で冷やすと固ま
　りやすい。

✳保存方法と期間	冷蔵	4～5日間……ゆで汁ごと
	冷凍	約3週間………ゆで汁ごと使いやすい量に分ける

スライスしたゆで豚で
ウンパイロー

ゆで汁を混ぜたコクのあるたれをか
けて。ピーラーで切ったきゅうりを添
えれば、食感の対比が楽しめます。

●ウンパイローのたれ[作りやすい分量]
ゆで豚のゆで汁小さじ2、長ねぎのみじ
ん切り大さじ2、しょうゆ・ごま油各大
さじ1、トウバンジャン・酢各小さじ2、
砂糖小さじ½を混ぜ合わせる。

ゆで汁も余さずいただく
にらスープ

うまみが溶け込んだゆで汁はスープに
ぴったり。2人分なら、ゆで汁1と¾
カップを温め、刻んだにら½束分を加
え、しょうゆ小さじ1で調味します。

ゆで豚のアレンジ1

ポッサム

材料（2人分）
ゆで豚（8mm厚さに切る）……200g
oサムジャン
　コチュジャン……大さじ1
　みそ……大さじ½
　すり白ごま……小さじ2
　砂糖……小さじ1
　ゆで豚のゆで汁……小さじ1
白菜キムチ……60g
サニーレタス……4枚
青じそ……4枚

作り方
1　サムジャンの材料は混ぜ合わせる。
2　ゆで豚とサニーレタス、青じそを
　盛り合わせ、キムチ、サムジャン
　を添える。

ゆで豚＋サムジャンを野菜で巻いてパクリ！

肉は加熱ずみだから野菜とさっと炒めるだけ

ゆで豚のアレンジ2

ホイコーロー

材料（2人分）
ゆで豚（8mm厚さに切る）……100g
キャベツ（ひと口大に切る）……2～3枚分
ピーマン（乱切り）……1個分
長ねぎ（斜め切り）……⅓本分
塩……少々
A　テンメンジャン……大さじ½
　　トウバンジャン……小さじ½
　　しょうゆ……小さじ½
ごま油……大さじ1

作り方
1　フライパンにごま油を中火で熱
　し、ゆで豚と野菜をすべて入れる。
　野菜に塩をふり、ふたをして1～
　2分蒸し焼きにする。
2　野菜がしんなりしたらAを加え、
　強火でさっと炒める。

豚肩ロース肉で作りおき
煮豚

肩ロースはコクがあって濃厚な味ですが、きめが粗くややかため。だからこそ、ブロックでの加圧調理がオススメ。煮汁をだし汁で割ればラーメンのスープにも。

加圧時間

25分

▼

自然放置

材料（作りやすい分量）

豚肩ロース肉（ブロック）……約600g

A 酒……¼カップ
しょうゆ……大さじ3と½
砂糖……大さじ½

水……¾カップ

B 長ねぎの青い部分……1本分
しょうが（皮つきの薄切り）
……3枚
にんにく（皮つきでつぶす）
……1かけ
八角……1個

作り方

1 圧力鍋に**A**を入れて中火にかけ、煮立ったら豚肉を入れ、返しながら全体の色が変わるまで軽く煮る。

2 分量の水と**B**を加え、ふたを閉めて強火にかける。圧力がかかったら弱火にして<u>25分加圧</u>し、火を止めて<u>自然放置</u>する。

3 圧力が抜けたらふたを開け、肉の上下を返して中火で1〜2分煮る。煮汁に浸けたまま冷まし、味をなじませる。

✳保存方法と期間		
冷蔵	4〜5日間……煮汁ごと	
冷凍	約3週間………煮汁ごと使いやすい量に分ける	

煮豚をトルティーヤで巻いて
北京ダック風

味がしみてやわらかな煮豚をくるりと巻いて、軽食や前菜、おつまみに。止まらないおいしさです。フラワートルティーヤを半分に切ってテンメンジャンを塗り、1㎝角の棒状に切った煮豚、細切りのきゅうりと長ねぎ、パクチーを巻きます。

煮汁で香ばしく焼いてご飯にオン

煮豚のアレンジ1

煮豚丼

材料（2人分）
煮豚……200g
煮豚の煮汁……大さじ4
ご飯……茶碗2杯
卵黄……2個
青ねぎ（小口切り）……適量

作り方
1 煮豚は1〜1.5cm角に切る。温かいご飯を茶碗によそう。
2 フライパンを強火で熱し、煮豚を入れて動かさずに焼きつける。ところどころに焼き色がついたら煮汁を加え、さっと煮詰める。
3 1の茶碗に2を汁ごと盛り、卵黄と青ねぎをのせる。

煮豚のアレンジ2

しょうゆラーメン

煮豚の食べごたえがたまりません

材料（2人分）
煮豚（スライス）……6枚(120g)
中華麺（生）……2玉
●**スープ**
だし汁*……3カップ
煮豚の煮汁……1カップ
塩……少々
小松菜、長ねぎ（小口切り）……各適量
*煮干しと昆布など好みのものを。

作り方
1 鍋にスープの材料を入れて温め、塩で味をととのえる。
2 別の鍋に湯を沸かして小松菜をゆで、3〜4cm長さに切る。同じ湯で麺を袋の表示どおりにゆで、湯をきって丼に入れ、熱い1をかけ、温めた煮豚、小松菜、長ねぎをのせる。

鶏むね肉で作りおき
蒸し鶏

ゆでるとパサつきがちな鶏むね肉も圧力鍋で蒸すと、しっとりやわらか。レモンでさわやかな風味をプラスします。肉のうまみが滴った蒸し汁はたれに活用して。

材料（作りやすい分量）
鶏むね肉……2枚(500g)
塩……小さじ1と½
砂糖……小さじ2
レモン(輪切り)……2枚

作り方
1 鶏肉は塩と砂糖をまぶし、30分～1時間室温におく。
2 圧力鍋に水1カップを入れ、蒸し台を置いてクッキングシートを敷く。1を皮を上にしてのせ、レモンを1枚ずつ置く。ふたを閉めて強火にかけ、圧力がかかったら弱火にして<u>2分加圧</u>し、火を止めて<u>自然放置</u>する。
3 圧力が抜けたらふたを開け、レモンを取り除く。

加圧時間

2 分

▼

自然放置

✳保存方法と期間	冷蔵	3日間ほど……乾燥しないようにラップで包む
	冷凍	約3週間………使いやすい量に分ける

スライスした蒸し鶏で
よだれ鶏

ジューシーな蒸し鶏があれば、人気メニューのよだれ鶏がすぐに作れます。さっとゆでた豆苗を器に盛り、薄くスライスした蒸し鶏をのせ、たれをかけるだけ。蒸し汁をたれに加えるとコクが出ます。

●よだれ鶏のたれ[2人分]
蒸し鶏の蒸し汁大さじ1、ごま油大さじ1と½、しょうゆ・酢・すり白ごま各大さじ1、にんにく(みじん切り)・しょうが(みじん切り)各½かけ分、粉唐辛子・花椒粉各小さじ¼を耐熱容器に入れ、ラップをふんわりかけて電子レンジ(600W)で1分加熱する。

やわらかな蒸し鶏をたっぷりと

蒸し鶏のアレンジ1

チキン
サンドイッチ

材料（2人分）
蒸し鶏……**1枚**
全粒粉入り食パン(8枚切り)……4枚
にんじん……1本
塩……少々
マヨネーズ……大さじ2
粒マスタード……小さじ2

作り方
1 蒸し鶏は5mm厚さに切る。
2 にんじんはスライサーかチーズおろしで細切りにし、塩をふってしんなりしたら水けを絞る。
3 パンにマヨネーズとマスタードを塗り、2枚1組にして蒸し鶏と**2**をはさむ。クッキングシートやラップで包み、半分に切る。

蒸し鶏の味つけでいただきます

蒸し鶏のアレンジ2

生春巻き

材料（2人分）
蒸し鶏……**1枚**
ライスペーパー……4枚
アボカド……1個
みょうが……2個
青じそ……4枚

作り方
1 蒸し鶏は皮を除き、太めに裂く。アボカドは縦にくし形に8等分する。みょうがは薄切りにする。
2 ライスペーパーは水にくぐらせ、クッキングシートの上に置き、**1**と青じそを巻き、食べやすく切る。

牛すじ肉で作りおき
ゆで牛すじ

とろとろに煮るには時間のかかる牛すじも、圧力鍋なら加圧15分！プルプル食感でコラーゲンたっぷり。ゆでただけなので味つけがしやすく、アレンジ自在。

加圧時間

15 分

↓

自然放置

材料（作りやすい分量）
牛すじ肉……600g

A ┌ 長ねぎの青い部分……1本分
　　├ しょうが（皮つきの薄切り）……3枚
　　└ 酒……¼カップ

memo
冷めると表面に脂が白く固まる。そのままでも、好みや用途に合わせて取り除いてもいい。脂を除くとすっきりした味になる。

作り方
1 鍋にすじ肉を入れてかぶるくらいの水を加え、強火にかける。沸いてきたら1分ほどゆで、ざるに上げる。ぬるま湯でしごくようによく洗い、アクや脂を除く。
2 1に大きいものがあれば切り、圧力鍋に入れ、ひたひたの水、Aを加え、ふたを閉めて強火にかける。圧力がかかったら弱火にして<u>15分加圧</u>し、火を止めて<u>自然放置</u>する。

＊保存方法と期間

冷蔵	3～4日間……ゆで汁ごと
冷凍	約3週間………ゆで汁ごと使いやすい量に分ける

ゆで牛すじをおつまみに
すじポン

広島などで親しまれている、とろとろ牛すじのおつまみ。小鍋に小さく切ったゆで牛すじを入れ、ゆで汁をひたひたに加え、塩少々をふって温めます。器にオニオンスライス、牛すじを盛って青ねぎをのせ、ポン酢しょうゆをかけて。さっぱりした味でお酒もご飯も進みます。

牛すじとこんにゃくの甘辛煮です

ゆで牛すじのアレンジ1

すじこん

材料（2～3人分）

ゆで牛すじ……150g

こんにゃく……小1枚（130g）

A ┃ 牛すじのゆで汁……⅓カップ
　　┃ しょうゆ……大さじ1と½
　　┃ 砂糖……小さじ2
　　┃ みりん……小さじ2

作り方

1 ゆで牛すじはひと口大に切る。

2 こんにゃくは1.5～2cm角にちぎる。鍋に入れてかぶるくらいの水を加え、沸騰したら中火で3分ゆで、湯をきる。

3 鍋に、**1**、**2**を入れて中火にかけ、**A**を加えて弱火で7～8分煮る。

ゆで牛すじのアレンジ2

牛すじ
カレーライス

材料（2人分）

ゆで牛すじ……150g

ご飯……茶碗2杯

牛すじのゆで汁……1と¾カップ

玉ねぎ……1個

A ┃ おろしにんにく……小さじ½
　　┃ おろししょうが……小さじ½

カレールウ……40g

サラダ油……大さじ½

作り方

1 ゆで牛すじはひと口大に切る。玉ねぎは縦半分に切り、横に1cm幅に切る。

2 フライパンに油を中火で熱し、玉ねぎを炒め、しんなりしたら**A**を加えてさっと炒める。ゆで牛すじとゆで汁を加え、ふたをして1分ほど煮て、火を止め、カレールウを加えて溶かす。再びふたをして弱火で5分ほど煮る。器にご飯を盛り、カレーをかける。

とろとろのすじとカレーの相性抜群

牛切り落とし肉で作りおき
ミートソース

牛切り落とし肉とたっぷりの野菜を8分加圧すると、泡立て器で簡単にくずせます！　ひき肉よりも肉の味が濃厚で別格のおいしさ。圧力鍋だけの裏ワザです。

加圧時間

8 分

自然放置

材料（作りやすい分量）
牛肉（切り落とし）……300g
A ｜ 塩……小さじ½強（3g）
　　｜ 黒こしょう……少々
玉ねぎ（横に薄切り）……½個分
にんじん（薄切り）……⅔本分
セロリ（薄切り）……½本分
にんにく（縦半分に切る）……1かけ分
赤ワイン……½カップ
B ｜ トマト缶（ホール）……1缶（400g）
　　｜ オレガノ……小さじ½
　　｜ 水……¼カップ
C ｜ 塩……小さじ1弱（4g）
　　｜ 砂糖……小さじ1
　　｜ こしょう……少々
オリーブ油……大さじ1

作り方
1 牛肉は**A**をまぶす。
2 圧力鍋にオリーブ油とにんにくを入れて中火にかけ、肉を広げて焼きつける。色が変わったら、玉ねぎ、にんじん、セロリを加えてさっと炒め、赤ワインを加え、煮立ててアルコール分を飛ばし、**B**を加える。
3 ふたを閉めて強火にかけ、圧力がかかったら弱火にして8分加圧し、火を止めて自然放置する。圧力が抜けたらふたを開け、泡立て器かマッシャーでくずし、**C**で味をととのえる。

✽**保存方法と期間**	冷蔵	3～4日間………	保存容器か保存袋で
	冷凍	約1か月間………	使いやすい量に分ける

ミートソースで
ミートソーススパゲッティ

作りたてならではの香り立つ、ふわっとした口当たりを味わうなら、やっぱりスパゲッティがベスト。上記のレシピで4～5人分のミートソースができます。肉の味がしっかりするおいしいミートソースです。

●加圧0分！ スパゲッティのゆで方

[2人分]圧力鍋に湯5カップを沸かし、塩小さじ2を加える。スパゲッティ（1.6mm）160gを加え、湯に沈めてほぐし、ふたを閉めて強火にかける。圧力がかかったら（ラインが2本見えたら）火を止め、5分放置した後、水をかけて急冷する（→p.7）。

ミートソースのアレンジ1

オムライス

材料（2人分）
ミートソース……**150g**
ご飯……250g
卵……3個
A ┌ マヨネーズ……大さじ1
　　└ 塩、こしょう……各少々
サラダ油……大さじ1
トマトケチャップ……適量

作り方

1 温かいご飯に温めたミートソースを混ぜる。

2 卵は溶きほぐし、**A**を加えて混ぜる。

3 フライパンに油の半量を熱し、**2**の半量を入れ、半熟状になったら**1**の半量をのせて卵をかぶせ、フライパンを逆手に持って器に返す。同様にもう1つ作る。トマトケチャップをかける。

ご飯に混ぜ込むだけでOK

なすとミートソースの重ね焼きです

ミートソースのアレンジ2

ムサカ

材料（2人分）
ミートソース……**200g**
なす……2本
塩、こしょう……各少々
ギリシャヨーグルト*……100g
パルメザンチーズ（すりおろし）
　……大さじ4
オリーブ油……大さじ1
＊または水きりヨーグルト

作り方

1 なすは縦に1cm厚さに切る。フライパンにオリーブ油を中火で熱し、なすを両面焼き、塩、こしょうをふって、耐熱の器に入れる。

2 ミートソース、ヨーグルト、チーズの順にかけ、オーブントースターで焼き色がつくまで5～6分焼く。

いわしで作りおき
いわしの水煮

丸ごと食べられるやわらかさなのに、煮くずれしないのが圧力鍋の底力。ハーブ入りの水煮にしておくと、幅広く洋風にもアレンジできます。魚の一品を食卓に！

加圧時間

18分

自然放置

材料（作りやすい分量）

いわし……8尾
塩……いわしの正味重量の2%（約10g）

A	水……1カップ
	ローリエ……1枚
	タイム（あれば）……2～3枝
	黒粒こしょう……5粒
	白ワイン（または酒）……大さじ1
	オリーブ油……大さじ1

作り方

1 いわしはウロコがあれば取り、頭を切り落とし、内臓を抜く。菜箸などで腹の中を洗い、尾は切り落とす（→p.50）。

2 キッチンペーパーで水けを拭き、重さを計って2%の量の塩をまぶし、20分おく。

3 水けをキッチンペーパーで取り、圧力鍋に入れる。**A**を加え、ふたを閉めて強火にかける。圧力がかかったら弱火にして<u>18分加圧</u>し、火を止めて<u>自然放置</u>する。

✳ 保存方法と期間	冷蔵	3～4日間……煮汁ごと
	冷凍	約3週間………煮汁をきる

いわしの水煮で
サーディンサラダ

オイルサーディンより軽い味わいの水煮は、サラダにぴったり。フォークで骨ごとひと口大にほぐし、赤玉ねぎの薄切り、皮をむいたレモンのいちょう切り、ベビーリーフとさっくり混ぜ、オリーブ油をかけます。

クラッカーにのせて気軽に食べられる

いわしの水煮のアレンジ1

リエット

材料（作りやすい分量）
いわしの水煮……1尾
クリームチーズ……50g
ディル（みじん切り）……少々
クラッカー……適量

作り方

1 いわしの水煮は汁けをきる。フォークでほぐし、やわらかくしたクリームチーズと混ぜ、ディルを加えて混ぜる。

2 クラッカーを添える。

いわしの水煮のアレンジ2

ハーブ パン粉焼き

ほんのひと手間でおかず一品が完成

材料（2人分）
いわしの水煮……4尾
● **ハーブパン粉**
パン粉……大さじ4
ドライハーブミックス……小さじ2
オリーブ油……小さじ2
マスタード……大さじ1

作り方

1 ハーブパン粉の材料は混ぜ合わせる。

2 いわしの水煮は水けをきり、耐熱の器に入れ、表面にマスタードを塗って1をかける。

3 オーブントースターで焼き色がつくまで5〜6分焼く。

じゃがいもで作りおき
蒸しじゃが

丸ごと皮つきで加圧10分。ホクホク食感で風味も濃厚です。しかも皮がつるりとむけ、無駄も出ません。ステーキのつけ合わせ、コロッケ、マッシュポテトに大活躍。

加圧時間

10 分

▼

自然放置

材料（作りやすい分量）
じゃがいも……4～6個

作り方

1 じゃがいもは皮つきのままたわしやスポンジでよく洗う。芽や皮が緑色のところがあれば、包丁の刃元で削り取る。

2 圧力鍋に水1カップを入れ、蒸し台を置いてじゃがいもをのせる。ふたを閉めて強火にかけ、圧力がかかったら弱火にして**10分加圧**し、火を止めて**自然放置**する。

❋**保存方法と期間**

冷蔵	2～3日間	……… ラップで包む
冷凍	約1か月間	……… 皮をむき、使いやすい形に切る

蒸しじゃがで
じゃがバター

蒸したてアツアツにバターをのせるのが定番ですが、たまにはバター＋包丁で叩いたアンチョビ、バター＋塩昆布、ブルーチーズで味変を。じゃがいもの香りは皮にあるので、皮ごと食べてもいいですね。

蒸しじゃがのアレンジ1
ポテトサラダ

材料（2人分）

蒸しじゃが……1個
ブロッコリー……50g
ロースハム……2枚
A｜酢……大さじ1
　｜オリーブ油……大さじ1
　｜粒マスタード……小さじ1
　｜塩……ひとつまみ

作り方

1 ブロッコリーは小さめの房に切り分ける。塩少々（分量外）を加えた湯でゆで、ざるに上げる。冷めたらキッチンペーパーで水けを取る。
2 蒸しじゃがは皮をむき、2cm角に切る。ハムは2cm四方に切る。
3 ボウルにAを入れて混ぜ合わせ、1、2を加えてあえる。

手作りドレッシングでシンプルに

外はカリッカリ、中はホックホク

蒸しじゃがのアレンジ2
ポテトフライ

材料（2人分）

蒸しじゃが……2個
A｜洋風スープの素（顆粒）
　｜　……小さじ¼
　｜ドライパセリ……少々
揚げ油……適量

作り方

1 蒸しじゃがは皮つきのままくし形に切る（冷たいとくずれにくい）。
2 Aを紙袋に入れる。
3 フライパンに深さ2cmほど油を入れ、高温（180℃）に熱し、1をきつね色になるまで揚げる。油をきり、2に入れ、袋をふってまぶす。

大豆で作りおき
ゆで大豆

ひと晩戻して戻し汁ごと3分加圧すれば、ツルンとなめらかなゆで大豆のでき上がり。たんぱく質など栄養豊富な大豆は作りおきして、毎日でも食べたい食材です。

加圧時間

3 分

↓

自然放置

材料（作りやすい分量）

大豆（乾燥）……200g
水……4カップ

a 大豆は皮が外れやすいので、ふたの蒸気放出口に詰まらないように、二重に落としぶたをする。

作り方

1 大豆はさっと洗い、分量の水に浸けてひと晩おく。

2 1を水ごと圧力鍋に入れ、クッキングシートで落としぶたをし、さらに裏返した蒸し台など重さのある落としぶたをのせ（写真a）、ふたを閉めて強火にかける。圧力がかかったら弱火にして**3分加圧**し、火を止めて<u>自然放置</u>する。

✱保存方法と期間	冷蔵	2〜3日間………ゆで汁ごと
	冷凍	約1か月間………ゆで汁ごと

ゆで大豆を使って
大豆のころころサラダ

ゆで大豆と野菜たっぷりの飽きのこないサラダ。2人分なら酢とオリーブ油各大さじ1、塩小さじ¼、こしょう少々を混ぜてドレッシングを作り、ゆで大豆100g、ころころに切ったトマトやきゅうり、みじん切りの赤玉ねぎ、刻んだパクチー各適量をあえます。

ゆで大豆のアレンジ1
五目豆

加圧時間
2 分
▼
自然放置

材料（作りやすい分量）
ゆで**大豆**……**250g**
大豆のゆで汁……½カップ
にんじん（1cm角の角切り）……½本分
こんにゃく（1cm角の角切り）……80g
ごぼう（細）……⅓本
昆布（5×5cm）……1枚
干ししいたけ（スライス）……5g
A ｜ しょうゆ……大さじ1と½
　　｜ みりん……大さじ1と½
　　｜ 砂糖……大さじ1

作り方

1 こんにゃくは3分ほどゆで、湯を
きる。ごぼうは縦半分に切って1
cm幅に切り、水に浸けて水けをき
る。昆布はハサミで1cm角に切る。

2 圧力鍋にゆで大豆とゆで汁、**1**、
にんじん、しいたけを入れ、**A**を
加え、ふたを閉めて強火にかける。
圧力がかかったら弱火にして<u>**2分**</u>
<u>加圧</u>し、火を止めて<u>自然放置</u>する。
圧力が抜けたらふたを開け、1分
ほど中火で煮詰める。

常備菜にしたい栄養満点の煮もの

大豆の和風みそポタージュです

ゆで大豆のアレンジ2
呉汁（ごじる）

材料（2人分）
ゆで**大豆**……**100g**
大豆のゆで汁……大さじ2
だし汁……1と¼カップ
油揚げ（短冊切り）……½枚分
A ｜ 大根（短冊切り）……20g
　　｜ にんじん（短冊切り）……10g
みそ（麦みそなど）……大さじ1〜1と½
青ねぎ（小口切り）……½本分

作り方

1 ゆで大豆にゆで汁を加え、ハンド
ブレンダーなどですりつぶす。

2 油揚げは湯をかけ、キッチンペー
パーで水けを取る。

3 鍋にだし汁、**2**、**A**を入れ、ふた
をして中火で3分ほど煮る。**1**を
加え、煮立ったらみそを溶き入れ、
器に盛って青ねぎをふる。

小豆で作りおき
ゆで小豆

小豆は浸水なしですぐ炊けるのが特長。加圧7分でやわらかくしてから、甘みをしみ込ませます。このレシピは甘さ控えめなので、いとこ煮などのおかずもOK。

材料（作りやすい分量）

小豆（乾燥）……200g
水……3カップ
A｜砂糖……130g
　｜塩……ふたつまみ

加圧時間

7分

▼

自然放置

作り方

1 小豆はさっと洗って鍋に入れ、かぶるくらいの水（分量外）を加え、強火にかける。沸騰したら弱火にして3分ゆで、火を止めて5分おいてからざるに上げ、ゆで汁をきる。小豆に水をかけて軽く洗う。

2 圧力鍋に1の小豆と分量の水を入れ、クッキングシートで落としぶたをし、さらに重さのある落としぶたをのせ（→p.8）、ふたを閉めて強火にかける。圧力がかかったら弱火にして7分加圧し、火を止めて自然放置する。

3 圧力が抜けたら、ふたと落としぶたを取り、Aを加えて3分ほど中火で煮る。

✳ **保存方法と期間**	冷蔵	3～4日間……煮汁ごと
	冷凍	約1か月………煮汁ごと

ゆで小豆で
ぜんざい

小豆と一緒にさらっとした煮汁もいただけるのが、ぜんざい。焼いたお餅を入れてどうぞ。上のレシピの約半量で2人分のぜんざいが作れます。

ゆで小豆のアレンジ1
あんバター
パン

材料（2人分）
ゆで小豆……**100g**
ミニフランスパン……2個
バター……20g

作り方

1 ゆで小豆を耐熱容器に入れ、
　ラップをかけずに電子レンジ
　（600W）で3分加熱し、水分を
　飛ばし、さっと混ぜる。

2 パンに切り目を入れ、1、半分に
　切ったバターをはさむ。

レンチンして煮詰めればあんこです

かぼちゃと炊き合わせておかずに

ゆで小豆のアレンジ2
いとこ煮

材料（2人分）
ゆで小豆……**150g**
かぼちゃ……¼個（正味300g）
A｜しょうゆ……小さじ2
　｜みりん……小さじ2
　｜水……½カップ

作り方

1 かぼちゃは3cm角に切り、皮を面
　取りする。鍋に皮を下にして入れ、
　Aを加え、落としぶたとふたをし、
　中火にかける。煮立ったら弱火に
　し、5分煮る。

2 ゆで小豆を1に加え、再び落とし
　ぶたとふたをし、5～6分煮てか
　ぼちゃに火を通す。

おやつとジャム

圧力鍋で作れば、どれもあっという間！
しかもプリンはスが入る心配がありません。

卵の味わいが
濃厚！

カスタードプリン

加圧時間
0分
▼
10分放置

材料（100mℓ容量の耐熱の器4個分）
卵……1個
卵黄……1個分
グラニュー糖……大さじ3と½（42g）
牛乳……1カップ
バニラオイル（あれば）……少々
● カラメルソース
　グラニュー糖……30g
　水……大さじ2

作り方

1 ボウルに卵、卵黄、グラニュー糖を入れてすり混ぜ、60℃くらいに温めた牛乳を少しずつ加える。ざるでこしてバニラオイルを加え、カップに入れてアルミホイルをかぶせる（写真**a**）。

2 圧力鍋に水1カップを入れて蒸し台を置き、**1**をのせ（写真**b**）、ふたを閉めて強火にかける。圧力がかかったら（ラインが2本見えたら）<u>すぐに火を止め</u>、<u>10分放置</u>する。

3 ソースを作る。小鍋にグラニュー糖を入れて中火にかけ、茶色くなってきたら水を加えて溶かす。

4 **2**のふたを開け（10分放置で圧力は抜けている）、取り出してアルミホイルを取り、底を氷水に浸けて冷ます。粗熱が取れたら冷蔵庫で冷やし、**3**をかける。

a

b

さっくりした
口当たり

りんごの
コンポート

材料（3～4人分）
りんご
　　……2個（正味400g）
白ワイン……½カップ
グラニュー糖……80g
水……½カップ
A シナモンスティック……小1本
　　クローブ……3粒

作り方

1 りんごはそれぞれ4つに切り、皮
をむいて芯を取る。

2 圧力鍋に白ワインを入れて中火に
かけ、煮立たせてアルコール分を
飛ばし、火を止める。グラニュー
糖を加えて溶かし、分量の水を加
え、皮があった側を下にして**1**を
入れる。

3 **2**に**A**を加え、ふたを閉めて強火
にかける。圧力がかかったら（ラ
インが2本見えたら）すぐに火を止
め、3分放置し、急冷する（→p.7）。
粗熱が取れたら、冷蔵庫で冷やす。

おはぎ

加圧時間
3分

▼

自然放置

材料（8個分）
ゆで小豆（→p.106）
　　……でき上がりの½量
もち米……1合
水……190㎖

作り方

1 もち米は洗って水けをきり、圧力
鍋に入れる。分量の水を加え、ふ
たを閉めて強火にかける。圧力が
かかったら弱火にして3分加圧
し、火を止めて自然放置する。

2 圧力が抜けたらふたを開け、濡ら
しためん棒などでついて粒を半分
くらいつぶす。8等分してラップ
にのせ、丸める。

3 鍋にゆで小豆を入れて中火にか
け、5～6分ぽってりするまで煮
詰める。8等分してラップに広げ、
2を包む。

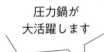

圧力鍋が
大活躍します

ミントを加えて
さわやかに

キウイのジャム

加圧時間
1 分

自然放置

材料（作りやすい分量）
キウイ……6～7個（正味500g）
A グラニュー糖……150g
レモン汁……大さじ1
ミント……4～5枝

作り方

1 キウイは皮をむき、1cm厚さのいちょう切りにする。

2 圧力鍋に1を入れて**A**をまぶし、水分が出るまでおく。ふたを閉めて強火にかけ、圧力がかかったら弱火にして<u>1分加圧</u>し、火を止めて<u>自然放置</u>する。

3 圧力が抜けたら、ふたを開けて強火にかけ、ミントをちぎって加え、アクを取りながら2～3分煮詰める。

形がくずれず
美しい

いちごジャム

加圧時間
1 分

自然放置

材料（作りやすい分量）
いちご（小粒）……正味500g
グラニュー糖……150g
レモン汁……大さじ1

作り方

1 圧力鍋にヘタを取ったいちごを入れ、グラニュー糖を加えてまぶし、レモン汁も加え、水分が出るまでおく。

2 1のふたを閉めて強火にかけ、圧力がかかったら弱火にして<u>1分加圧</u>し、火を止めて<u>自然放置</u>する。

3 圧力が抜けたら、ふたを開けて強火にかけ、アクを取りながら2～3分煮詰める。

ドライマンゴーが
とろとろに

みかんと
マンゴーのジャム

加圧時間
5 分

自然放置

材料（作りやすい分量）
みかん……6個（正味500g）
ドライマンゴー……50g
A グラニュー糖……125g
レモン汁……大さじ1

作り方

1 みかんは皮をむいて2房ずつに分け、房の中心部分を少し切り、種があったら除く。薄皮ごと5mm幅に切り、圧力鍋に入れて**A**をまぶし、水分が出るまでおく。マンゴーは5mm角に切る。

2 圧力鍋にマンゴーを加え、ふたを閉めて強火にかける。圧力がかかったら弱火にして<u>5分加圧</u>し、火を止めて<u>自然放置</u>する。

3 圧力が抜けたら、ふたを開けて強火にかけ、アクを取りながら2～3分煮詰める。

もっちり
炊ける
ご飯もの

浸水なしですぐに炊け、
炊飯器よりもちもち食感に。

やっぱり玄米は圧力鍋が最適。
加圧20分で芯からもっちり!

白飯

加圧時間
3分
▼

自然放置

材料（5〜6人分）
米……3合
水……540㎖（3合）

作り方
1 米は洗ってざるに上げ、水けをよくきる。
2 圧力鍋に**1**と分量の水を入れ、ふたを閉めて強火にかける。圧力がかかったら弱火にして<u>3分加圧</u>し、火を止めて<u>自然放置</u>する。
3 圧力が抜けたら、さっくりほぐす。

玄米ご飯

加圧時間
20分
▼

自然放置

材料（5〜6人分）
玄米……3合
水（玄米の約1.4倍）……750㎖
塩……小さじ½

作り方
1 玄米はよく洗ってざるに上げ、水けをよくきる。分量の水に1〜2時間浸ける。
2 圧力鍋に**1**を水ごと入れ、塩を加え、ふたを閉めて強火にかける。圧力がかかったら弱火にして<u>20分加圧</u>し、火を止めて<u>自然放置</u>する。
3 圧力が抜けたら、さっくりほぐす。

炊き方は白飯と同じ。
雑穀や豆ももちもち食感に。

ひと粒ひと粒がふわふわに。
お米の滋味がわかります。

雑穀ご飯

加圧時間

3分
▼

自然放置

材料（5〜6人分）
米……2と½合
雑穀ミックス……½合
水……540㎖（3合）

作り方

1 米は洗ってざるに上げ、水けをよくきる。
雑穀は袋の表示どおりにする。

2 圧力鍋に**1**と分量の水を入れ、ふたを閉め
て強火にかける。圧力がかかったら弱火に
して<u>3分加圧</u>し、火を止めて<u>自然放置</u>する。

3 圧力が抜けたら、さっくりほぐす。

白がゆ

加圧時間

10分
▼

自然放置

材料（3〜4人分）
米……1合
水……1ℓ
塩……少々

作り方

1 米は洗ってざるに上げ、水けをよくきる。

2 圧力鍋に**1**と分量の水を入れ、ふたを閉め
て強火にかける。圧力がかかったら弱火に
して<u>10分加圧</u>し、火を止めて<u>自然放置</u>す
る。

3 圧力が抜けたら、塩を加えて混ぜる。

昆布とじゃこの
炊き込み玄米ご飯

材料（5〜6人分）
玄米……3合
水（玄米の約1.4倍）……750㎖
刻み昆布（乾燥）……10g
ちりめんじゃこ……30g
梅干し（塩分8%）……3個
酒……大さじ1

加圧時間
20分

自然放置

作り方

1 玄米はよく洗ってざるに上げ、水けをよく
きる。分量の水に1時間ほど浸ける。

2 圧力鍋に**1**を水ごと入れ、さっと洗った刻
み昆布、じゃこ、梅干し、酒を加え、ふた
を閉めて強火にかける。圧力がかかったら
弱火にして<u>20分加圧</u>し、火を止めて<u>自然
放置</u>する。

3 圧力が抜けたら、さっくりほぐして梅干し
の種を除く。

加圧だから昆布は戻し不要。
玄米の炊き込みは食べごたえ満点。

中華おこわ

材料(5〜6人分)
もち米……3合
豚肩ロース肉(とんかつ用)……1枚(150g)
干ししいたけ……3枚

A	オイスターソース……大さじ3
	紹興酒(または酒)……大さじ1
	砂糖……大さじ½
	ごま油……大さじ½

水……½カップ

| **B** | しょうゆ……大さじ½ |
| | 五香粉(あれば)……小さじ¼ |

ゆでたけのこ……80g
にんじん……⅓本
帆立て貝柱の水煮缶……小1缶(65g)

加圧時間

3 分

▼

自然放置

▼

作り方

1 もち米は洗ってざるに上げ、水けをよくきる。

2 しいたけは分量の水に浸け、包丁で切れる程度になったら、軸を切っていちょう切りにする。戻し汁は**A**を加え、水を足して480㎖にする。

3 豚肉は1〜1.5cm角に切り、**B**をまぶす(写真**a**)。たけのこは1cm角に切り、にんじんは1cm厚さのいちょう切りにする。

4 圧力鍋にもち米を入れ、**2**、**3**、貝柱を缶汁ごと加え、ふたを閉めて強火にかける。圧力がかかったら弱火にして<u>3分加圧</u>し、火を止めて<u>自然放置</u>する。

5 圧力が抜けたら、さっくり混ぜる。

a 豚肉は炊く前にしっかり下味をつけるのがコツ。しょうゆをまぶして五香粉をふり、もみ込む。

具だくさんなのに、加圧3分。
肉や貝柱のうまみがしみています。

いかめし

材料（3人分）
もち米……1合
いか（1ぱい150〜180g）……3ばい
おろししょうが……小さじ1
A だし汁……½カップ
しょうゆ……大さじ1
みりん……大さじ1
酒……大さじ1
砂糖……大さじ½

加圧時間

20分
▼

自然放置
▼

作り方

1 もち米は洗い、かぶるくらいの水に1時間浸け（写真**a**）、水けをきる。

2 いかは足と内臓を抜き、胴は軟骨を除いて洗う。足は内臓を切り落とし、吸盤をしごいて取り、洗ってから足先を少し切り落とし、5mmくらいに刻む。

3 ボウルに**1**、**2**の足、おろししょうがを入れて混ぜ、いかの胴に詰めて楊枝で留める。

4 圧力鍋に**A**を入れ、**3**を加え、ふたを閉めて強火にかける。圧力がかかったら弱火にして<u>20分加圧</u>し、火を止めて<u>自然放置</u>する。

5 圧力が抜けたら、ふたを開けて中火にかけ、煮汁をいかにかけながら軽く煮詰める。粗熱が取れたら、切り分ける。

a もち米をいかに詰めて炊くので、1時間しっかり浸水させ、米に水分を吸収させておく。

memo
いかの大きさによって、詰める米が少し余ることもあります。余ったらお茶パックに詰めて一緒に炊いても。

圧力鍋なら「いかめし」も朝飯前！
あのおいしさが再現できます。

豆をゆでてその汁で米を炊く。
2回加圧で作る本格的な味。

赤飯

材料（5〜6人分）
もち米……3合
ささげ（乾燥）……50g
水……400㎖
塩……小さじ½
ごま塩*……適量
*いり黒ごま大さじ½と塩小さじ½の割合で混ぜる。

加圧時間

2分

急冷

3分

自然放置

作り方

1 もち米は洗ってざるに上げ、水けをよくきる。

2 ささげはさっと洗って圧力鍋に入れ、分量の水を加え、ふたを閉めて強火にかける。圧力がかかったら弱火にして<u>2分加圧</u>し、火を止めて<u>急冷</u>する（→p.7）

3 圧力が抜けたら、豆とゆで汁に分ける。ボウルに入れたゆで汁をお玉ですくってザーッと戻すことを数回繰り返し（空気にふれると発色がよくなる）、水を足して480㎖にする。

4 圧力鍋にもち米、**3**のゆで汁、塩を入れてさっと混ぜ、**3**の豆を加え、ふたを閉めて強火にかける。圧力がかかったら弱火にして<u>3分加圧</u>し、火を止めて<u>自然放置</u>する。圧力が抜けたらさっくり混ぜ、器に盛ってごま塩を添える。

玄米のプチプチした食感が
アルデンテにぴったり。

玄米リゾット

材料(4人分)

玄米……1と½合
玉ねぎ……½個
グリーンアスパラガス……5本
水……750㎖
洋風スープの素(顆粒)……小さじ1
牛乳……150㎖
塩……小さじ¾
パルメザンチーズ(すりおろす)
　　……大さじ3
オリーブ油……大さじ2
A ┃ パルメザンチーズ(すりおろす)
　　　　……大さじ3〜4
　　┃ 生ハム(食べよくちぎる)……40g
　　┃ 粗びき黒こしょう……少々

作り方

1 玄米は洗ってざるに上げ、水けをよく
きる。玉ねぎは粗みじん切りにする。
アスパラガスは下半分の皮をピーラー
でむき、斜め切りにする。

2 圧力鍋にオリーブ油を中火で熱し、玉
ねぎを炒める。玄米を加えてさっと炒
め、分量の水とスープの素を加え、ふ
たを閉めて強火にかける。圧力がか
かったら弱火にして<u>12分加圧</u>し、火
を止めて<u>自然放置</u>する。

3 圧力が抜けたらふたを開けて中火にか
け、アスパラガス、牛乳を加えて塩で
味をととのえる。2〜3分煮たら火を
止め、パルメザンチーズを加える。器
に盛り、**A**をトッピングする。

加圧時間
12分
↓
自然放置
↓

こんなに具だくさんでも
圧力鍋なら大丈夫。

加圧時間

3分

▼

自然放置

▼

鶏ごぼう
まいたけご飯

材料（5〜6人分）

米……3合

鶏もも肉……1枚（300g）

A | 塩……小さじ½
　　| しょうが汁……小さじ1

ごぼう……1本

まいたけ……1パック

B | しょうゆ……大さじ3
　　| みりん……大さじ1と½

作り方

1 米は洗ってざるに上げ、水けをよくきる。

2 鶏肉は1〜1.5cm角に切り、**A**をまぶす。ごぼうは包丁の背で皮をこそげ、縦半分に切って斜め薄切りにし、さっと水に浸けて水けをきる。まいたけは大きめに裂く。

3 **B**に水を足して540㎖にする。

4 圧力鍋に米を入れて**3**を加え、**2**をのせ、ふたを閉めて強火にかける。圧力がかかったら弱火にして<u>3分加圧</u>し、火を止めて<u>自然放置</u>する。圧力が抜けたらふたを開け、さっくり混ぜる。

パクチーとしょうがの風味が
利いていて、おかわり決定！

エスニック
チキンライス

材料（4〜5人分）

米……3合

鶏もも肉……小2枚（500g）

A ┃ 塩……小さじ⅔
　　┃ 酒……大さじ1

パクチー……2〜3株

B ┃ しょうが（みじん切り）
　　┃ 　　……2かけ分
　　┃ にんにく（みじん切り）
　　┃ 　　……1かけ分

C ┃ ナンプラー……大さじ1
　　┃ 水……450㎖

レモン（くし形切り）……4〜5切れ

サラダ油……大さじ1

作り方

1 米は洗ってざるに上げ、水けをよくきる。

2 鶏肉は余分な皮や脂肪を除き、包丁の先で皮を数か所刺し、半分に切って**A**をまぶして10分おく。パクチーは根を切り、葉はざく切りにする。

3 圧力鍋に油を中火で熱し、**B**を炒める。香りが立ったら火を止め、米、**C**を加えて混ぜ、肉、パクチーの根をのせ、ふたを閉めて強火にかける。圧力がかかったら弱火にして<u>3分加圧</u>し、火を止めて<u>自然放置</u>する。

4 圧力が抜けたら肉を取り出し、食べやすく切る。パクチーの根を除いてさっくり混ぜ、肉とともに器に盛り、パクチーの葉とレモンを添える。

加圧時間

3分

↓

自然放置

↓

123

圧力鍋Q&A

圧力鍋を使っていると気になる質問にお答えします。知っていると、この本のレシピを作るときにも役立ちます。

Q1
かたまり肉や骨も
短時間で火が通るのはなぜ?

A 圧力鍋は密閉状態にして加圧するので、内部の温度は「高圧」で118℃まで上がります。そのため、普通の鍋(沸点は100℃)で調理するより早くやわらかくなるのです。調理時間を¼〜½に短縮でき、弱火で加圧するので光熱費も節約できます。

Q2
違うメーカーの圧力鍋でも
レシピは同じですか?

A この本で使用している圧力鍋はフィスラー ビタクイック4.5ℓです。他のメーカーや違う機種の圧力鍋でも、レシピに大きな違いはありません。ただし、この本のレシピは全部「高圧」で調理していること、容量が4.5ℓより小さい場合は材料の最大量(鍋の⅔以下)を守ることを覚えておいてください。

Q3
IHクッキングヒーターでも
同じように作れる?

A IH対応の圧力鍋なら問題なく使えますが、機種や出力によってはガスの火力と異なる場合があります。加圧時間はお使いの機器の取り扱い説明書を参照して調節してください。

Q4
分量を増やしたいとき、
加圧時間はどうしますか?

A 例えばレシピの倍量を作るとしても、基本的に加圧時間は同じです。ただし、材料が多いと圧力が抜けるまでに時間がかかり、余熱で煮えすぎることもあるのでご注意を。また、材料の最大量(鍋の⅔以下)を超えないようにしましょう。

Q5
専用の蒸し台がなくても
蒸せますか?

A この本で使用している圧力鍋、フィスラー ビタクイック4.5ℓには蒸し台が付属していないので、サイズの合う市販品を使用しています。金属製のしっかりしたものは裏返して落としぶたにも使えて便利です。

Q6
材料が煮汁に浸かっていないけれど大丈夫？

A 圧力鍋の中では高温の蒸気によって材料が加熱されるので、煮汁が少なくても加熱ムラはありません。また、蒸発がほとんどなく、むしろ材料から水分が多く出るため、途中で焦げる心配もありません。

Q7
高温高圧で調理すると栄養素が壊れませんか？

A 圧力鍋で高温高圧調理しても調理時間が短いため、普通の鍋と比べてかえって栄養の損失は少なくなります。また、少ない水分量で蒸し煮のように調理するので、ゆでるよりもビタミンの損失が抑えられます。

Q8
ご飯を炊くと灰色っぽく見えますが…

A 白米を高温で調理したことにより、アミノ酸と糖質が分解され、透明度が増すために灰色っぽく見えることがあります。味や栄養に影響はありません。

Q9
ゴムパッキンが硬くなったみたい…

A ゴムパッキンは消耗品です。亀裂やひび割れがあったり、ふたの周りから蒸気が漏れたり、弾力がなくなってきたら交換のタイミング。毎日使う場合は1年が目安です。

Q10
でき上がりの味が薄く感じるときは？

A 圧力鍋の調理は煮汁の蒸発が少なく、野菜から出る水分量も季節によって変わります。加圧後に味が薄いと感じたら、ふたをせずに火にかけ、好みの味になるまで煮詰めるとよいでしょう。

Q11
高圧の圧力表示を維持するのが難しくて…

A 圧力表示が「高圧」(バルブの白線が2本見える状態)になったのに、弱火にするとすぐ下がってしまうときは、ゴムパッキンなどから蒸気が漏れているか、換気扇や窓からの風の影響が強い可能性があります。

Q12
圧力表示がなかなか上がりません…

A 火が弱いと圧力がかかりにくいため、最初から強火にかけることが大切です。他の原因としては、水分を入れていないこと、部品が正常にセットされていないことが考えられます。焦げる前に火を止め、取り扱い説明書に従ってチェックしてみてください。

この本ではフィスラー ビタクイック 4.5ℓ の圧力鍋を使用しています。お持ちの圧力鍋で作るときのご参考に、主要メーカー別の加圧時間を材料別に紹介します。

フィスラー
ビタクイック
4.5ℓ
・高圧の圧力値108kPa

ティファール
クリプソ ミニット
イージー4.5ℓ
・高圧の圧力値65kPa

ビタクラフト
スーパー圧力鍋
アルファ 3.5ℓ
・高圧の圧力値85kPa

WMF（ヴェーエムエフ）
パーフェクト プラス
圧力鍋 4.5ℓ
・高圧の圧力値65kPa

◉ 肉類

圧力鍋	材料	分量	大きさ	水分量	加圧時間（高圧）	加圧終了後	備考
フィスラー	豚ロース肉	500g	ブロック	3カップ	20分	自然放置	
		500g	薄切り	3カップ	5分	自然放置	
	豚もも肉	500g	ブロック	3カップ	10分	自然放置	
		500g	一口大	3カップ	10分	自然放置	
	豚バラ肉	500g	ブロック	1と½カップ	15分	急冷	
		500g	一口大	1カップ	10分	自然放置	
	鶏骨つきもも肉	4本（800g）	－	1カップ	5分	自然放置	
	鶏骨つきぶつ切り肉	500g	－	1カップ	5分	自然放置	
	手羽先	500g	－	1カップ	5分	自然放置	
	牛すね肉	500g	ひと口大	1カップ	10分	自然放置	
	牛タン	1本（500g）	－	4カップ	30～40分	自然放置	
ティファール	豚肩ロース肉	700g	ブロック	－	20分	蒸らし20分	焼き豚風
	豚バラ肉	300g	食べやすい大きさ	－	7分	自然放置	煮る
	豚スペアリブ	700g	－	－	15分	自然放置	煮る
	鶏骨つきもも肉	4本	－	－	6分	自然放置	ゆでる
	牛すね肉	600g	ブロック	－	29分	自然放置	ゆでる
	牛すじ肉	600g	5cm角	－	29分	自然放置	煮る
ビタクラフト	豚ロース肉	500～600g	ブロック	かぶるくらい	20分	自然放置	ゆでる
		－	3～4cm角	かぶるくらい	15分	自然放置	ゆでる
	豚バラ肉	500～600g	ブロック	かぶるくらい	20分	自然放置	ゆでる
		－	4～5cm角	かぶるくらい	15分	自然放置	ゆでる
	鶏もも肉（骨なし）	1枚約250g	－	かぶるくらい	6分	自然放置	ゆでる
	鶏手羽肉	約250g	－	かぶるくらい	5分	自然放置	ゆでる
	牛すね肉	500～600g	ブロック	かぶるくらい	35分	自然放置	ゆでる
		－	4～5cm角	かぶるくらい	20分	自然放置	ゆでる
WMF	豚ロース肉	1kg	ブロックを3等分	1と½カップ	40分	自然放置	蒸す
	豚スペアリブ	600g	－	1と¼カップ	10分	自然放置	蒸す
	鶏骨つきもも肉	4本	－	1と¼カップ	10分	自然放置	蒸す
	牛すじ肉	400g	小さめのひと口大	1ℓ	25～30分	自然放置	

◉ 魚介類

圧力鍋	材料	分量	大きさ	水分量	加圧時間（高圧）	加圧終了後	備考
フィスラー	いわし	500g（5～6尾）	－	－	3～5分	自然放置	通常の煮もの
		500g（5～6尾）	－	－	20分	自然放置	骨までやわらかく煮る
	さば、かれい	500g	－	－	3～5分	自然放置	
	あじ	500g（4～5尾）	－	－	25分	自然放置	骨までやわらかく煮る
	切り身魚	500g（4切れ）	－	－	4分	自然放置	
	魚のアラ（ぶり、鮭）	500g	－	－	3～5分	自然放置	通常の煮もの
		500g	－	－	30～40分	自然放置	骨までやわらかく煮る
ティファール	いわし	6尾	－	－	30分	自然放置	骨までやわらかく煮る
	さんま	3尾	－	－	30分	自然放置	骨までやわらかく煮る
	切り身魚	480g（4切れ）	－	－	2分	蒸らし10分	煮る
	魚のアラ（ぶり、鮭）	500g	－	－	9分	自然放置	煮る
ビタクラフト	いわし	18cm前後8尾	－	ひたひた	15分	自然放置	骨までやわらかく煮る
		20cm以上6尾	－	ひたひた	18分	自然放置	骨までやわらかく煮る
	さば	－	筒切り	ひたひた	15分	自然放置	煮る
		－	切り身	ひたひた	5分	自然放置	煮る
	あじ	20cm前後5尾	－	ひたひた	15分	自然放置	骨までやわらかく煮る
WMF	いわし	4尾	1尾を2～3等分	360mℓ	20分	自然放置	
	さんま	3尾	1尾を4等分	360mℓ	15分	自然放置	

● 野菜

圧力鍋	材料	分量	大きさ	水分量	加圧時間(高圧)	加圧終了後	備考
フィスラー	じゃがいも	—	丸ごと	1カップ	8分	自然放置	蒸し台に置く
	じゃがいも	—	ひと口大	1カップ	3分	急冷	
	さつまいも	—	丸ごと	1カップ	10分	自然放置	蒸し台に置く
	さつまいも	—	輪切り	1カップ	3分	急冷	
	里いも	—	丸ごと	1カップ	3分	自然放置	
	かぼちゃ	600g	丸ごと	1カップ	20分	自然放置	
	かぼちゃ	500g	ひと口大	1カップ	2分	自然放置	
	大根	500g	3〜4cm厚さの輪切り	1カップ	3分	自然放置	
	にんじん	500g	ひと口大	1カップ	3分	急冷	
	ごぼう	500g	5cm長さ	2カップ	5分	急冷	
	玉ねぎ	—	丸ごと	2カップ	4分	急冷	
	なす	—	丸ごと	1カップ(熱湯)	4分	急冷	蒸し台に置く
ティファール	じゃがいも	600g	丸ごと	—	10分	自然放置	蒸す
	さつまいも	600g	丸ごと	—	14分	自然放置	蒸す
	にんじん	500g	食べやすく切る	—	2分	自然放置	ゆでる
	ごぼう	2本	5cm長さ	—	4分	自然放置	ゆでる
	玉ねぎ	4個	丸ごと	—	6分	自然放置	蒸し煮
	かぼちゃ	1個	丸ごと	—	14分	蒸らし5分	蒸す
ビタクラフト	じゃがいも(男爵)	1個(80〜120g)	丸ごと	ひたひた	13分	自然放置	ゆでる
	じゃがいも(男爵)	1個(80〜120g)	丸ごと	1カップ	10分	自然放置	蒸す
	さつまいも(紅あずま)	1本(約250g)	丸ごと	1カップ	8分	自然放置	蒸す
	にんじん	—	1〜2cm厚さの輪切り	ひたひた	3分	自然放置	ゆでる
	大根	—	2cm厚さの輪切り	かぶるくらい	8分	自然放置	ゆでる
	かぼちゃ	—	3〜4cm角	ひたひた	3分	自然放置	ゆでる
WMF	さつまいも	1本(200g)	1cm幅に切る	½カップ	2分	自然放置	蒸す
	大根	16cm(450g)	長さを4等分	3カップ	5分	自然放置	
	ごぼう	2本(400g)	大きめに切る	660mℓ	3分	自然放置	
	玉ねぎ	4個(800g)	丸ごと	3カップ	3分	自然放置	

● 卵・乾物・豆・米

圧力鍋	材料	分量	水分量	加圧時間(高圧)	加圧終了後	備考
フィスラー	茶碗蒸し	4人分	1カップ	3分	急冷	ひと息入れてから急冷
	昆布	100g	2カップ	10分	自然放置	
	ひじき	30g	1と½カップ	4分	急冷	
	大豆	300g	4カップ	5分	自然放置	湯に1時間浸水
	小豆	200g	3カップ	7分	自然放置	2分ゆでた後
	黒豆	300g	4カップ	5〜6分	自然放置	湯に1時間浸水
	花豆	300g	4カップ	6〜7分	自然放置	湯に1時間浸水
	白いんげん豆	300g	4カップ	5〜6分	自然放置	湯に1時間浸水
	金時豆	300g	4カップ	5〜6分	自然放置	湯に1時間浸水
ティファール	大豆	150g	—	4分	自然放置	4〜5倍の水に6〜8時間浸水
	黒豆	150g	—	12分	自然放置	
	花豆	150g	—	11分	自然放置	
	小豆	50g	—	13分	急冷	4倍の水でゆでる
	白米	米1:水1.1		3分	蒸らし10分	30分間浸水
	玄米	米1:水1.3〜1.5		22分	蒸らし10分	1時間浸水
	もち米	米1:水0.8		3分	急冷+蒸らし10分	30分間浸水
ビタクラフト	茶碗蒸し	卵3〜4個	2カップ	1分30秒	自然放置	
	干ししいたけ	8〜10個	1カップ	7分	自然放置	水で戻す
	切り干し大根	40〜50g	4カップ	8分	自然放置	水で戻す
WMF	黒豆	1カップ(150g)	3カップ	5〜10分	自然放置	ひと晩浸水(調味料入り)
	小豆	1カップ(160g)	3カップ	13分	自然放置	
	白花豆	1カップ(140g)	3カップ	3分	自然放置	ひと晩浸水
	金時豆	1カップ(160g)	3カップ	2分	自然放置	ひと晩浸水
	白米	2合	360mℓ	4分	自然放置	
	玄米	2合	460mℓ	20〜25分	自然放置	

満留邦子 みつどめ くにこ

料理研究家、管理栄養士。書籍、雑誌、新聞、「あさイチ」「キユーピー3分クッキング」などのテレビ番組出演、企業のレシピ・商品開発、料理教室など食に関するさまざまなシーンで活躍。著書は『今日のうどん』(成美堂出版)など。
https://www.mitsudome.jp/

撮影　石井宏明
デザイン　若山美樹　佐藤尚美　(L'espace)
料理制作助手　川崎泰代　武藤ユカ
イラスト　ine
校正　堀江圭子
編集・スタイリング　野澤幸代(MILLENNIUM)
企画・編集　川上裕子(成美堂出版編集部)

撮影・取材協力／フィスラージャパン　https://www.fissler.com/jp/
　　　　　　　　ティファール　https://www.t-fal.co.jp/
　　　　　　　　ビタクラフトジャパン　https://www.vitacraft.co.jp/
　　　　　　　　WMF　https://www.wmf.co.jp/
　　　　　　　　UTUWA

料理が楽しくなる圧力鍋レシピ

著　者　満留邦子
　　　　みつどめ くにこ
発行者　深見公子
発行所　成美堂出版
　　　　〒162-8445　東京都新宿区新小川町1-7
　　　　電話(03)5206-8151　FAX(03)5206-8159
印　刷　大日本印刷株式会社